ACTAS

I CONGRESO DE LA MANCHA

Tomelloso, 17 de diciembre de 2022

INSTITUTO DE ESTUDIOS HUMANÍSTICOS DE CASTILLA-LA MANCHA

(IEHCAM)

FSC
www.fsc.org
MIXTO
Papel procedente de
fuentes responsables
Paper from
responsible sources
FSC® C105338

I CONGRESO DE LA MANCHA online

I Congreso de La Mancha

ISBN: 978-84-126204-1-2
Depósito Legal: D.L. CR 1079-2022

Diseño cubierta:
Imagen propia. Sergio Escalona López.

Impresión: BoD – Books on Demand
info@bod.com.es - www.bod.com.es
Impreso en Alemania – Printed in Germany

Instituto de Estudios Humanísticos de Castilla-La Mancha (IEHCAM)

C/ Carrera San Jerónimo, 26 13700 Tomelloso (Ciudad Real)
Correo electrónico: contacto@iehcam.com
www.iehcam.com

I CONGRESO DE LA MANCHA

ENTIDADES ORGANIZADORAS:
Instituto de Estudios Humanísticos de Castilla-La Mancha
La Mancha Importa

DIRECCIÓN:
Eduardo Rubio Aliaga
Sergio Escalona López

PRESENTACIÓN:
Jorge López Parra

SECRETARÍA:
Rebeca Capdevila Notario

DISEÑO Y MAQUETACIÓN
Ediciones IEHCAM

ENTIDADES CIENTÍFICAS PARTICIPANTES:
Universidad de Castilla-La Mancha
Universidad Politécnica de Cartagena
Instituto de Estudios Humanísticos de Castilla-La Mancha
Universidad de Sevilla
Universidad de León
La Mancha Importa

¿CÓMO CITAR UNA PONENCIA DEL CONGRESO?

Ejemplo:

JIMÉNEZ NOTARIO, Javier. "Monarquía y Nobleza en la Corona de Castilla. La pugna por el poder durante la Baja Edad Media", en: *Libro de Actas del I Congreso de La Mancha.* Tomelloso: Instituto de Estudios Humanísticos de Castilla-La Mancha, 2022. pp. 3-9.

SUMARIO

El *I Congreso de La Mancha* es un encuentro online académico y científico dedicado a la divulgación de investigaciones sobre la identidad manchega, su cultura o cualquier área del conocimiento con especial relación con La Mancha, destinado tanto a un público academicista, investigador o al público en general.

Este evento ha sido creado, supervisado y financiado, junto al colectivo La Mancha Importa, a través del proyecto *La Mancha: geografía, historia e identidad* con identificación *IEHCAM/PR/03/84019200382* del Instituto de Estudios Humanísticos de Castilla-La Mancha.

Ha colaborado en su organización y edición de la presente publicación: Ayuntamiento de Tomelloso, D.O. La Mancha, Cervezas Calatrava, Caliza y Diputación de Ciudad Real.

PONENCIAS

SIMBOLOGÍA EN LA IDENTIDAD MANCHEGA: BANDERA Y EL HIMNO DE LA MANCHA

JAVIER JIMÉNEZ NOTARIO

Instituto de Estudios Humanísticos de Castilla-La Mancha

1. BANDERA DE LA MANCHA

La primera versión de la bandera de La Mancha fue creada por el Centro Regional de La Mancha de Madrid, presentada en Daimiel en 1906. Su composición se describe a partir de una bandera de cuatro cuarteles, de arriba a la izquierda hasta abajo a la derecha: cuartel negro, rojo, azul y blanco. En esta primera versión vemos como, ante la inexistencia de una heráldica bien investigada y formulada en investigación, se decide introducir en cada cuartel los diferentes escudos de las capitales provinciales de las cuatro provincias por donde se extiende La Mancha: Toledo (cuartel negro), Cuenca (cuartel rojo), Ciudad Real (cuartel azul), Albacete (cuartel blanco). Durante todas las versiones existentes desde ese año hasta la actualidad la base de cuarteles de la bandera mancheguista no cambiará, sin embargo, si lo harán los diferentes escudos o simbología heráldica que la componen [Figura 1].

En esta primera versión observamos con cierta crítica la poca rigurosidad en la confección del diseño de la bandera, por una parte la ubicación en cada cuartel del escudo de las capitales provinciales que llevan a un error grave, ya que si por una parte las ciudades de Ciudad Real y Albacete si se consideran identitariamente manchegas, la capital toledana y conquense no tienen una cultura o identidad manchega, sino castellana, muy alejadas a su vez.

La segunda versión oficial que apareció públicamente fue la bandera orlada confeccionada por un grupo de profesoras y alumnas de la Escuela Normal de Albacete y que fue donada al Centro Regional Manchego durante un acto en el Teatro Cervantes de la ciudad de Albacete y entregada a los directivos de la entidad el 14 de junio de 1919 [Figura 2].

Llegada la democracia a España y el auge de la movilización social durante la Transición, junto con la etapa de formación de las autonomías provocó la aparición de otra bandera, en este caso, la revolucionaria, buscando con ello evitar la identificación errónea de cada territorio con las capitales provinciales, al menos con la de Cuenca y Toledo [Figura 3].

La última versión conocida, muy extendida a la vez y que se ha hecho bastante popular es de autor desconocido, sin embargo, su aparición data ya entrados en plena democracia. En ella se prosigue con la distribución de los cuatro cuarteles típicos, en la búsqueda de una simbología más comarcal y realista al territorio que engloba La Mancha. En ella encontramos las cruces de Santiago, San Juan, la mano alada empuñando la espada (símbolo del Señorío de Villena), las llaves cruzadas de Alcaraz y en el centro la torre de castillo aludiendo a su historia en la pertenencia al Reino de Castilla [Figura 4].

Esta bandera, que sólo tuvo difusión entre algunos círculos regionalistas, quedó definitivamente en desuso al aprobarse la nueva Bandera de Castilla-La Mancha, diseñada por Ramón José Maldonado Cocat, en 1977 y adoptada oficialmente en 1980. No obstante, aún puede verse en algunas páginas web de entidades mancheguistas.

Figura 1. Primera bandera de La Mancha creada en 1906 por el Centro Regional de La Mancha en 1906 con los cuatro cuarteles provinciales.

Figura 2. Versión de la bandera de La Mancha donada al Centro Regional de La Mancha en el Teatro Cervantes de Albacete en 1919.

Figura 3. Versión de la bandera de La Mancha creada por los colectivos regionalistas manchegos durante la Transición y la formación del Estado de las Autonomías.

Figura 4. Versión más actual de la bandera de La Mancha creada anónimamente a principios del siglo XXI. Simbología autóctona de los territorios históricos manchegos.

2. HIMNO DE LA MANCHA

La primera referencia que conocemos de la existencia del Himno de La Mancha la tenemos a través del número de marzo de la revista "Vida Manchega" en 1919, donde aparecía presentada la partitura del himno junto con la letra. En este caso, la letra fue compuesta para piano por el maestro Antonio Seguro, mientras que la letra fue escrita por Martín Ramales.

Unos años más tarde, hacia 1927, se divulga una segunda versión de esta letra, por Francisco Colás y el autor musical. El maestro de música Antonio Segura Penalba ya era reconocido por el magnífico galardón obtenido en el Certamen regional para bandas de música locales del año 1916, para las provincias de Ciudad Real, Toledo, Murcia, Cuenca y Albacete, consiguiendo un 3º Premio dotado de 1.000 pts. de la época con la obra libre *L´Eriunyes, suite de Massanet.*

Más recientemente se ha realizado una versión digital respetando la antigua partitura original de 1919, con el fin de conservar su esencia cultural que se ajusta a la primera versión de 1919; por cortesía del cantautor Country-Cho.

Hoy, en este día 17 de diciembre de 2022, el Himno de La Mancha se presenta digitalizado gracias a la colaboración del historiador y editor musical Carlos Masó, la investigación y edición de Eduardo Rubio Aliaga.

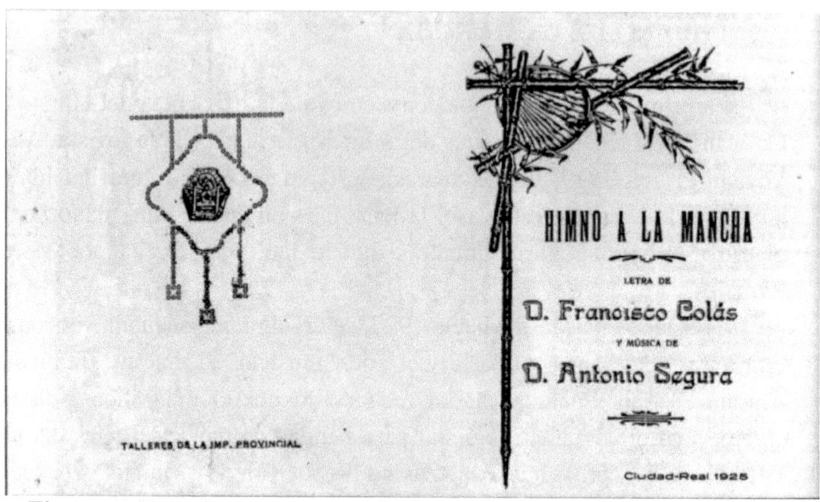

Figura 5. Portada y contraportada de una de las versiones del Himno original de La Mancha (1926).

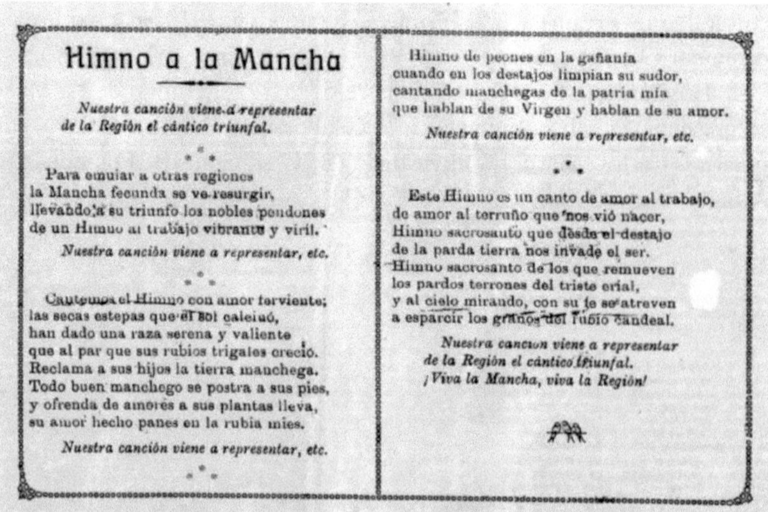

Himno a la Mancha

Nuestra canción viene a representar
de la Región el cántico triunfal.

* * *

Para emular a otras regiones
la Mancha fecunda se ve resurgir,
llevando a su triunfo los nobles pendones
de un Himno al trabajo vibrante y viril.

Nuestra canción viene a representar, etc.

* * *

Cantemos el Himno con amor ferviente;
las secas estepas que el sol calcinó,
han dado una raza serena y valiente
que al par que sus rubios trigales creció.
Reclama a sus hijos la tierra manchega.
Todo buen manchego se postra a sus pies,
y ofrenda de amores a sus plantas lleva,
su amor hecho panes en la rubia mies.

Nuestra canción viene a representar, etc.

* * *

Himno de peones en la gañanía
cuando en los destajos limpian su sudor,
cantando manchegas de la patria mía
que hablan de su Virgen y hablan de su amor.

Nuestra canción viene a representar, etc.

* * *

Este Himno es un canto de amor al trabajo,
de amor al terruño que nos vió nacer,
Himno sacrosanto que desde el destajo
de la parda tierra nos invade el ser.
Himno sacrosanto de los que remueven
los pardos terrones del triste erial,
y al cielo mirando, con su fe se atreven
a esparcir los granos del rubio candeal.

Nuestra canción viene a representar
de la Región el cántico triunfal.
¡Viva la Mancha, viva la Región!

Figura 6. Letra del Himno adaptada a la versión de Francisco Colás (1926).

3. BIBLIOGRAFÍA

BASCUÑANA CHARFOLE, Daniel. "¿Qué fue de aquella bandera?", en: *Vida Manchega*. Ciudad Real, 26 de junio de 1913.

FUSTER RUIZ, Francisco. "Para la historia del regionalismo manchego: la bandera y el himno de La Mancha", en: *Al-Basit: Revista de estudios albacetenses*, 9. Albacete: Instituto de Estudios Albacetenses "Don Juan Manuel", 1985. pp. 5-29.

MALDONADO Y COCAT, Ramón José. "La bandera regional y nuevas armas municipales de la provincia de Ciudad Real", en: *Cuadernos de estudios manchegos*, 15. Ciudad Real: Instituto de Estudios Manchegos, 1984, pp. 303-337.

MALDONADO Y COCAT, Ramón José. "Nuevas aportaciones a la heráldica municipal", en: *Cuadernos de estudios manchegos*, 20. Ciudad Real: Instituto de Estudios Manchegos, 1990. pp.. 237-256

SEGURA, Antonio. *Himno de La Mancha.* Ed. Damitor, D.L., Madrid, 1983.

VV.AA. "La bandera manchega", en: *Vida Manchega*. Ciudad Real, 5 de septiembre de 1919.

VV.AA. *Los símbolos de Castilla-La Mancha.* Internet Archive, 2007. URL:https://web.archive.org/web/20070502134217/http://www.heraldicahispanica.com/hclm/index.htm

EVOLUCIÓN DE LA CARTOGRAFÍA DE LA MANCHA Y APROXIMACIÓN A SUS LÍMITES ACTUALES.

EDUARDO RUBIO ALIAGA

Universidad de Sevilla
Instituto de Estudios Humanísticos de Castilla-La Mancha

El concepto de La Mancha ha sido uno de los aspectos más discutidos en la cartografía actual y, en la mayoría de los casos, tratado de una forma abstracta. Es a través de la presente ponencia donde trataremos de encauzar dicha evolución histórica, cultural y, por lo tanto, identitaria de los límites de La Mancha a través de un estudio histórico que nos lleve hasta los tiempos actuales permitiéndonos entender cuáles son los factores que han supuesto la expansión de la identidad manchega en un contexto geográfico unido a una cultura de pertenencia.

1. LA MANCHA EN LA EDAD MEDIA:

El topónimo de La Mancha durante la Edad Media se circunscribe al territorio conocido como El Común de La Mancha, una subdivisión territorial de la Orden de Santiago a partir del siglo XIV.

Ciudad Real: Campo de Criptana, Arenales de San Gregorio, Pedro Muñoz, Socuéllamos y Tomelloso.
Cuenca: Los Hinojosos, Horcajo de Santiago, Mota del Cuervo, Pozorrubio, Santa María de los Llanos, Villaescusa de Haro y Villamayor de Santiago.
Toledo: Cabezamesada, Corral de Almaguer, Miguel Esteban, La Puebla de Almoradiel, Quintanar de la Orden, El Toboso, La Villa de Don Fadrique y Villanueva de Alcardete.

2. LA PROVINCIA DE LA MANCHA:

A partir de aquí de este punto la historia geográfica de La Mancha da un vuelvo de 180° grados en el tema administrativo, ya que en 1691 se crea oficialmente la Provincia de La Mancha. Este territorio administrativo se encontrará vigente desde 1691 hasta 1833 con su desintegración a causa de la reestructuración territorial de las actuales provincias realizado por Javier de Burgos.

Es fundamental para entender La Mancha de hoy en día que indaguemos en este periodo tan importante y trascendental para su evolución. La Provincia de La Mancha era provincia integrada en el Reino de Toledo y que estaba formada a su vez por subdivisiones territoriales de los partidos de Alcaraz, Almagro, Infantes y Calatrava. Esta cartografía se mantuvo estática hasta 1785 cuando se incorporan los municipios de la comarca de la Mesa de Quintanar y en 1799 el Gran Priorato de San Juan, siendo esta última fecha el periodo de máxima expansión territorial y administrativa de La Mancha con capital en Ciudad Real.

Ya a partir de 1833 esta desintegración acabaría con la ruptura de este territorios siendo repartido entre las cuatro provincias contemporáneas, en su gran mayoría Ciudad Real, pate occidental de Albacete, sureste de Toledo y un pequeño territorio del suroeste de Cuenca, mientras que un pequeño territorio anexo al partidos de Infantes sería incorporado a la provincia de Jaén.

Imagen 1. *Territorio de la Orden de Santiago conocido como "El Común de La Mancha".* Fuente: Espanish AIB.

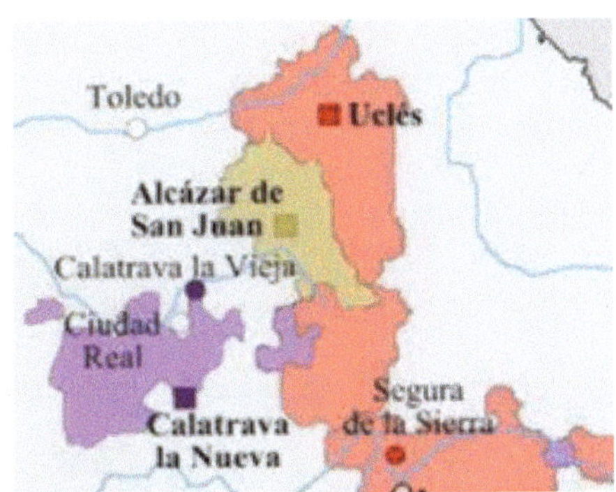

Imagen 2. Territorios de las órdenes de Santiago (rojo), San Juan (Amarillo) y Calatrava (morado) durante la Edad Media en La Mancha.

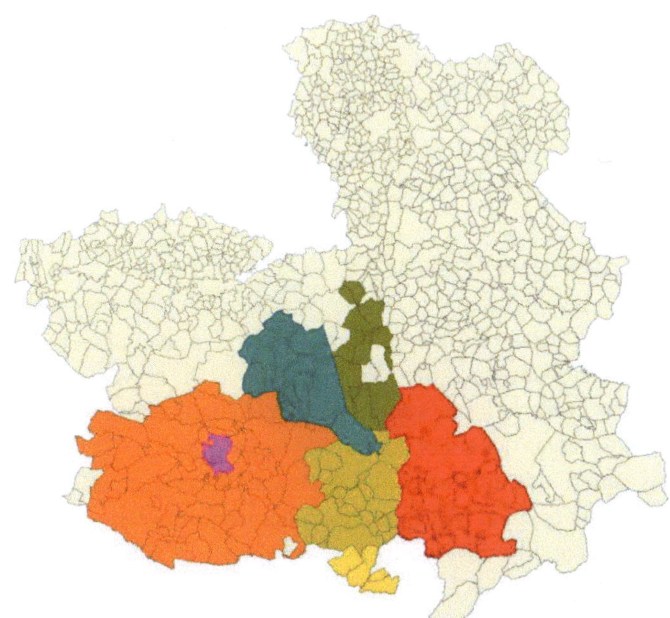

Imagen 3. Mapa *de la Provincia de La Mancha (1691-1833).* Partidos que la integraron y su evolución territorial. Fuente: Espanish AIB.

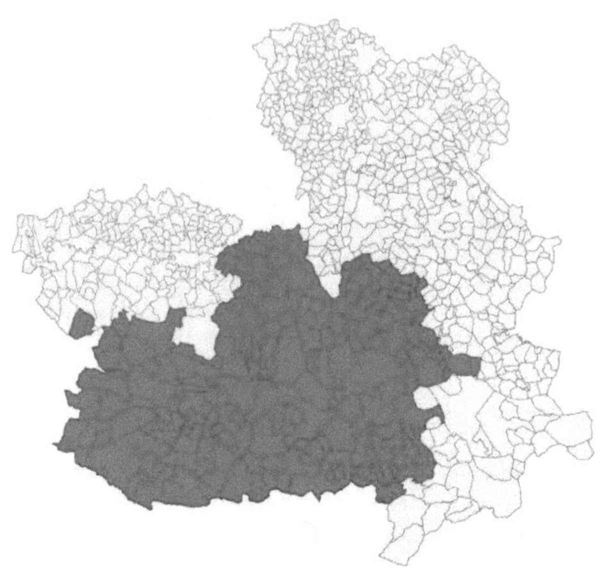

Imagen 4. *Mapa de Pascual Madoz en su estudio de la identificación geográfica de La Mancha y municipios que la integraban.* Fuente: Pascual Madoz, 1848.

3. LA DESCRIPCIÓN DE PASCUAL MADOZ

Fue la primera visión aproximada de la identidad manchega bajo una postura macrocomarcal, la cual se apoya a través de respuestas municipales, historiadores, geógrafos, arqueólogos e investigadores varios en diferentes áreas del conocimiento de la época.

Es aquí donde a concepción de Pascual Madoz expande su concepto de La Mancha hasta la Mesa de Ocaña haciendo frontera con la provincia de Madrid e incluyendo también a comarcas de Albacete que hasta la fecha no se habían incluido en La Mancha como son la comarca de Villarrobledo y La Roda, pero también se extiende por el sur de Cuenca formando La Mancha conquense con límite en Albacete.

No es para menos indicar que la contribución de Pascual Madoz es la primera vez que nos permite observar un concepto de múltiples variables en la tesis de su trabajo, ya que en aquella La Mancha integró datos de geografía física, economía similar en dichas tierras, aspectos históricos de pertenencia administrativa como fue la Provincia de La Mancha o aquellos municipios o expertos identificaban con similitud a los manchegos.

4. ALBACETE: ¿LA MANCHA DE MONTEARAGÓN O TIERRA DE MONTEARAGÓN?

El debate a lo largo del siglo XX ha colmado la historiografía de si ha de considerarla La Mancha o no. En este sentido dicho debate se centra en si la parte central y oriental de la provincia de Albacete sería La Mancha o no. La Mancha de Montearagón ha sido identificada erróneamente a lo largo de la historia, ya que lo acertado es la denominación de territorio de Montearagón, el cual corresponde con el Marquesado de Villena.

Gran parte del territorio de Montearagón (actual provincia de Albacete) es el que presenta el rasgo manchega mientras otras poblaciones acabaron siendo absorbidas por Alicante como Villena y Sax, o en el caso de Yecla por Murcia. Es aquí donde a través de las tesis de Aurelio Petrel Marín y Francisco Fuster Ruíz avalan la integración de la parte albaceteña del Marquesado de Villena.

Llamarla La Mancha de Montearagón por lo tanto es un término erróneo que durante un largo tiempo se compartió en las mentes populares, incluso derivando dicha concepción en círculos intelectuales, políticos y, al fin y al cabo, la cultura. Por tanto, en los inicios del Mancheguismo a finales del siglo XIX y principios del XX este término de La Mancha de Montearagón fue uno de los pretextos para la integración completa de la provincia de La Mancha en las tesis regionalistas manchegas perviviendo en su mayoría esa identidad manchega.

5. LA MANCHA Y EL TERRITORIO ALBACETEÑO

La relación entre La Mancha y la provincia de Albacete en un sentimiento regionalista se debe fundamentalmente a la creación del Centro Regional Manchego en Madrid en 1906. Entre 1914 y 1923 se debatió la creación de la Mancomunidad Manchega entre Albacete, Ciudad Real, Toledo y Cuenca, valorando la integración total de las cuatro provincias (incluso los territorios que ni siquiera a día de hoy se consideran manchegos). De esta manera el mancheguismo se distanció totalmente del proyecto de Mancomunidad Castellana.

A lo largo de finales del siglo XIX desde el nacimiento del regionalismo manchego hasta la creación del Estatuto de Autonomía de Castilla-La Mancha en 1982 la integración manchega de la provincia de Albacete nunca ha sido discutida.

6. LA EXPANSIÓN CULTURAL DE LA MANCHA

La cultura e identidad manchega ha tenido un proceso de expansión cultural hacia su parte oriental y nororiental. Dicha expansión se debe a los siguientes condicionantes:

a) Geografía física idéntica aunque con algunas particularidades.
b) Cultura expandida en idénticos ambientes rurales (clave de su origen).
c) Economía similar que, al mismo tiempo, contribuye a un contacto comercial entre pueblos de Albacete, Cuenca, Ciudad Real y Toledo (cereal, vino, queso, azafrán, melón, ajo, etc).
d) Durante la segunda mitad del siglo XX, Albacete capital se convierte en uno de los focos de promoción y asimilación de la identidad manchega.
e) Territorios sin regiones antes de la Transición: caldo de cultivo para la expansión cultural.
f) 1982 y Castilla-La Mancha: libertad de expansión de la cultura manchega interregional.

Es por tanto que en esta investigación se aceptan las tesis de Petrel Marín y Fuster, añadiendo la variable inédita del condicionante de la expansión cultural. Incluso es posible percibir en la actual geografía manchega o no áreas difusas que merecen ser estudiadas a fondo: Mesa de Ocaña, Valle de Alcudia, La Manchuela, Corredor de Almansa, Campos de Hellín y Sierra del Segura.

Imagen 5. *Mapa de la expansión cultural de la cultura manchega. En rojo, el concepto de La Mancha de Pascual Madoz*; en azul la expansión cultural durante finales del siglo XIX y todo el siglo XX (parte oriental de Albacete y oeste y sur de Cuenca). Fuente propia.

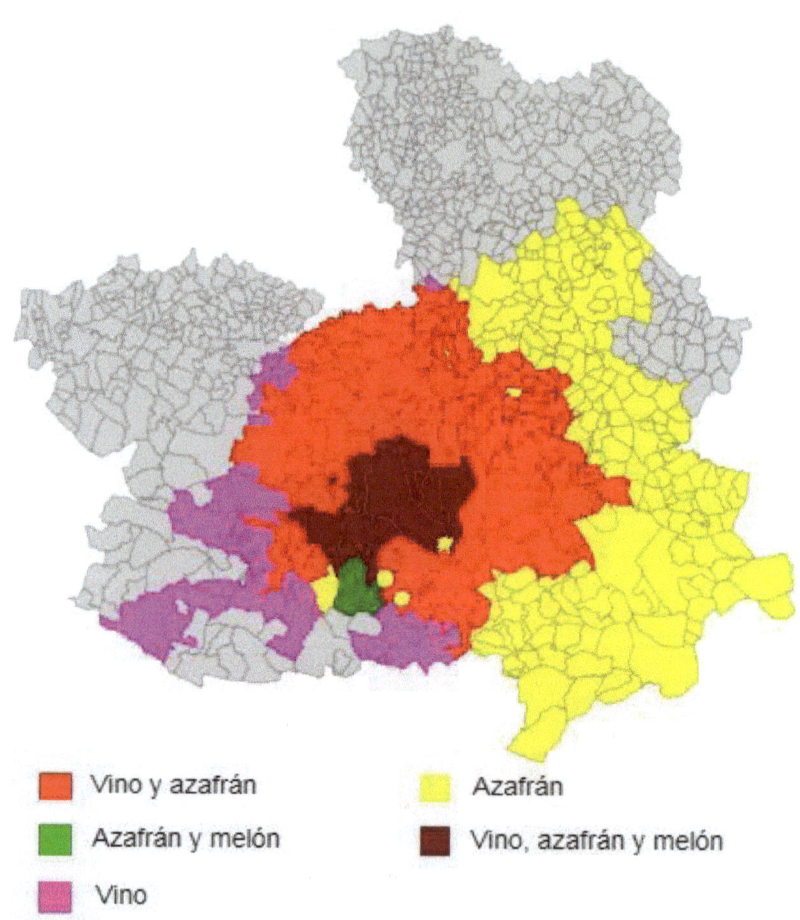

Imagen 6. *Mapa de distribución de las diferentes D.O y I.G.P en Castilla-La Mancha de productos identificados con la economía o cultura manchega.* Fuente: Espanish AIB.

Imagen 7. *Distribución de la marca protegida del Queso Manchego.* Fuente: D.O.P. Queso Manchego.

7. CONCLUSIONES

La cartografía más clásica desde la Edad Media hasta la división de Javier de Burgos en 1833 ha quedado clara en su estudio y perspectiva histórica. Se observa que la identidad manchega tiene un germen cultural, origen de tipo rural y variable económica.

Se considera que el trasvase de los rasgos típicos manchegos tuvieron su trasvase a tierras albaceteñas mucho antes de la división provincial de 1833, impulsado en el siglo XIX por la tesis de los pactos federalistas y la política del regionalismo mancheguista. En su gran parte, las mismas condiciones climáticas y geográficas han permitido una asimilación de la cultura manchega, donde la etapa de la Transición y la Construcción del Estado de las Autonomías permite al ideario manchego popular y el político la asimilación de una Albacete fundamental en la cartografía manchega.

Entre los objetivos futuros en el estudio de la mancha encontramos las siguientes consideraciones a tener en cuenta en futuros necesidades en investigaciones:

a) Es necesario un marco de estudio amplio geográfica e histórica sobre áreas difusas en la identificación como manchega o no (Corredor de Almansa o Valle de Alcudia).
b) ¿Qué grado de pertenencia tienen las diferentes localidades "fronterizas" en cuanto a la identidad manchega? - Reconocimiento institucional de la Identidad Manchega (JCCM/Gobierno español/Europa).

En cuanto a los resultados esperados permitiría una información muy útil para el desarrollo de macroestudios relacionados con La Mancha de forma más precisa:

a) Estudios demográficos.
b) Estudios económicos.
c) Economía comparada con otros territorios no manchegos en Castilla-La Mancha u otras regiones autónomas.
d) Replanteamiento de la inversión estatal o regional en infraestructuras o servicios en La Mancha.

8. BIBLIOGRAFÍA

C. MANSO. *España en los mapas antiguos*. T. I-II, Boletín Oficial del Estado (2021)

FUSTER RUIZ, Francisco. "Aportación a la historia del regionalismo manchego", en: GARCÍA-SAÚCO BELÉNDEZ, Luis G. (Cooord.). *Ensayos del Boletín Informativo (XXV Aniversario).* Albacete: Cultural Albacete-Instituto de Estudios Albacetenses "Don Juan Manuel", 1984.

pp. 19-26. MADOZ, Pascual, *Diccionario geográfico-estadístico-histórico de España y sus posesiones de ultramar (1846-1850)*. Madrid, 1806-1870.

FUSTER RUIZ, Francisco. "Para una historia del regionalismo manchego: la bandera y el himno de La Mancha", en: *Al-Basit: Revista de estudios albacetenses*, 9. Albacete: Instituto de Estudios Albacetenses "Don Juan Manuel", 1981, pp. 5-28.

GARCÍA CARPINTERO-LÓPEZ, Jaime; GALLEGO VALLE, David. "La arqueología de órdenes militares en castilla-la mancha y la reconstrucción virtual de su patrimonio", en: *Virtual Archaeology Review*, 9(19). Valencia: Universidad Politécnica de Valencia, 2018, pp. 76-99.

PETREL MARÍN, Aurelio. "En torno al concepto y límites de un topónimo olvidado: La Mancha de Montearagón", en: *Congreso de Historia de Albacete*. Albacete: Instituto de Estudios albacetenses, 1983. pp. 263-271.

Respuestas Generales del Catastro de Ensenada. Archivo General de Simancas, (1754) Vecindario General de España (Censo de Población de 1712 de Campoflorido). INE (1995).

VALORIZATION OF MANCHEGO GARLIC RESIDUES THROUGH EXTRACTION OF BIOACTIVE COMPOUNDS AND SYNTHESIS OF HIGH VALUE LEVULINIC ACID.

DIEGO J. GONZÁLEZ-SERRANO
PURIFICACIÓN CASTILLO
JOSE C. ORELLANA-PALACIOS
MILAD HADIDI
M. PRADO SÁNCHEZ-VERDÚ
BEATRIZ CABAÑAS, ANDRÉS MORENO

Dept. Inorganic, Organic and Biochemistry, UCLM.
Coopaman S.C.L.,
Dept. Physical Chemistry, UCLM.

Currently, the development of food industry has led to an important increase in generation of agri-food residues. Agri-food sector is one of the most important waste producers within food industry, which leads to several environmental problems such as emission of greenhouse gases or eutrophication of freshwater resources. [1] The solution for these problems could be found in the valorization of agri-food residues, employing biorefinery and extraction of bioactive compounds. [2] This research has been focused on valorisation of two types of residues derived from garlics of Morado de Cuenca variety, widely known in Spain due to the reddish color of the skins that cover the garlic cloves. These skins are known as inner peels, and, along with the skin that cover the garlic bulb, the outer peels, constitute the garlic peel by-products. Currently, China is the largest producer of garlic worldwide, generating 23 million tons of this vegetal in 2019. However, Spain also excels in terms of garlic cultivation, with Spanish production accounting for more than 30% of total European supply. [3]

The valorisation process of outer and inner peels was started with the isolation of cellulose, hemicellulose and lignin from both residues. The high purity of isolated cellulose from outer peels allowed to transform this biopolymer into levulinic acid (38% molar yield) by microwave-assisted hydrothermal catalysis. The importance of levulinic acid derives from its used as a high value-added platform chemical closely related to biorefinery field. [4]In regard to the extraction of bioactive compounds, outer peels proved to be an interesting source of pectic polysaccharides, also known as pectin, which were extracted with hot water (18% extraction yield), purified through precipitation with ethanol and analysed by ^{1}H-NMR. Thanks to the NMR analysis, high methoxyl pectin could be identified in purified extracts. Anthocyanin-rich solutions were extracted from inner peels with ethanol 50% (v/v) acidified with HCl at 50ºC. Quantification of anthocyanins was conducted employing the pH-differential method (0,293 mg/Kg). It is worth noting that, while pectin is employed in food industry and biomaterial sector, anthocyanins show an interest as natural pigments and antioxidant agents. [5]

REFERENCES:

[1] S.SCHERHAUFER,G. MOATES, H. HARTIKAINEN,K. WALDRON, G. Obersteiner.*Waste management,*2018, *77*, 98-113.

[2] S. MAINA, V. KACHRIMANIDOU, A. Koutinas. *Curr. Opin. Green Sustain. Chem.*2017, *8*. pp. 18-23.

[3] MEDINA, J. D. L. C., &Garcia, H. S. (2007). Garlic: Post harvest Operations. Veracruz, FAO.

[4] A. NOREEN, J.AKRAM, I. RASUL, A. MANSHA, N. YAQOOB, R. Iqbal, S.Tabasum, M. Zuber, K. M. Zia. *Int. J. Biol. Macromol.*2017. pp. *101*, 254-272.

[5] A. HOUGHTON, I.APPELHAGEN, C. MARTIN.*Plants*2021, *10* (4). pp.726-747.

LA PIEL DE LA ARQUITECTURA EN LA MANCHA DE LA EDAD MODERNA. EL DEBATE DE LAS ARTESANÍAS Y LA DECORACIÓN MURAL DURANTE EL SIGLO XVIII EN LOS TERRITORIOS DE ALBACETE.

ALEJANDRO JAQUERO ESPARCIA

Universidad de Castilla-La Mancha

La propuesta de ponencia que presentamos tiene como objetivo, desde una perspectiva histórico-artística, poner en el centro del estudio a la pintura decorativa. Observada y tratada como un mero adorno, ha servido para configurar y dotar –a la manera de Vitruvio–de *firmitas*, *utilitas* y *venustas* los interiores y exteriores de las edificaciones ya desde el mundo antiguo. Esa raíz grecolatina se mantuvo presente y activa en las edificaciones civiles y religiosas de la Mancha, proporcionándonos un rico legado patrimonial que ha "vestido" de distinta forma los monumentos y ejemplos significativos de la arquitectura castellanomanchega, de acuerdo con las ideas de gusto y belleza de las distintas etapas históricas. Así, nuestra intención va a ser la de exponer los antecedentes, objetivos, bases metodológicas y marco historiográfico sobre el que se sustenta nuestro proyecto, una iniciativa de mayor alcance y que se encuentra en proceso de desarrollo.

La base de la investigación se asienta en presupuestos teóricos de la Historia del Arte y el uso de enfoques metodológicos deudores de la Historia social; por medio de la contextualización de la realidad social, cultural y económica podemos asistir a una lectura más completa de las manifestaciones artísticas y del rol de sus artífices. De este modo, conseguiremos, como afirmaría Panofsky, una lectura humanística de la Historia del Arte. Dicho enfoque parte, asimismo, de la experiencia de investigación interdisciplinar que venimos desarrollando durante más de cinco años en el seno del grupo de investigación consolidado de la Universidad de Castilla-La Mancha "LyA" (Estudios Interdisciplinares de Literatura y Arte).El planteamiento inicial, no obstante, se nutre de nuestra formación doctoral, donde pudimos justificar la importancia del discurso teórico de las artes para justificar el rol sociocultural de los artistas[1].

La cronología a la que ceñimos la investigación es el siglo XVIII, contemplando unos límites amplios que nos permitan observar las interferencias producidas por las deudas del Barroco y la paulatina imposición del Neoclasicismo, diferenciando para ello los espacios de evolución. En este sentido, el marco territorial de nuestra propuesta parte de una zona castellanomanchega que, en sus orígenes, se hallaba dividida entre distintas comarcas y regiones: los territorios que configuran la actual provincia de Albacete y, de forma especial, sus zonas rurales. Ahora bien, entendemos que las bases de nuestro proyecto pueden ser aplicables a otras realidades territoriales de La Mancha, por lo que consideramos que la propuesta puede ser de interés para otros colegas interesados en temas afines.

---

[1] Durante la realización de nuestra tesis doctoral nos centramos en el análisis teórico-artístico del arte de la pintura en el contexto europeo y su repercusión en el ámbito hispano. Más concretamente, en la formulación de tratados mnemotécnicos de carácter artístico compuestos en verso didascálico a lo largo de la Edad Moderna de la Europa occidental, comprobando la evolución del discurso humanista de las artes a través de la poesía didáctica; para ello, centramos nuestro interés en la España del Siglo de Oro y la Ilustración.

Antes de centrar nuestro caso de estudio, creemos oportuno aportar algunas consideraciones sobre el marco teórico y cultural en el que comienzan a evolucionar este tipo de labores artísticas. Durante el inicio de la Modernidad europea asistiremos a la reivindicación del rol del artista frente al artesano; sin embargo, también seremos partícipes de propuestas más tradicionales que denunciaron ese viraje, reclamando privilegios análogos con otras disciplinas contempladas de una forma más peyorativa. Con relación a nuestro punto de partida de investigación, un elemento diferenciador para los artífices de la actividad decorativa va a ser el dominio de la teoría, el bagaje intelectual y su directa aplicación: aquellos que demostraban su técnica mediante la reflexión intelectual y el control de la tratadística fueron tenidos en un grado superior frente a los que eran meros repetidores de la práctica adquirida por rutina en el taller, controlado por las estructuras gremiales. Ahora bien, creemos que este no fue un matiz exclusivo del reconocimiento social del artista, puesto que el resto de las actividades creativas buscaron equipararse mediante ejercicios análogos. Las disciplinas de la platería, la alfarería o la propia pintura decorativa, actividades estimadas como mecánicas y propias de artesanos, también generaron ejemplos de literatura artística con los cuales dignificar su posición, o bien se apoyaron en textos teóricos de disciplinas como la arquitectura o la pintura para extraer y justificar lo que les fuese de utilidad. Todo ello en busca de ese respaldo intelectual y social.

En este sentido, otro factor importante fue el reconocimiento social que mantuvieron los pintores decoradores, ligados a funciones mecánicas y serviles, condicionando sus trabajos al conjunto de las artes y, por lo tanto, alejándose de las grandes revisiones biográficas e históricas. Al ser consideradas labores de menor rango o auxiliares de las "artes mayores" también han sido relegadas a un segundo plano de los estudios histórico-artísticos y, a su vez, de los debates histórico-culturales. Por lo que respecta a las decoraciones parietales, tan solo un número relativamente pequeño de autores ha reparado en los estudios de pinturas murales y de sus decoraciones de una forma novedosa. El gran problema ha sido el punto de interés: para los historiadores centrados en los ciclos históricos de imágenes murales, en las reflexiones iconográficas e iconológicas, las decoraciones son un elemento secundario; igual ocurre para los historiadores de la arquitectura, que ven en la pintura mural un mero adorno. Como indicábamos, esa dinámica ha ido transformándose, siendo cada vez más los estudios que reparan en el adorno mural como aspecto significativo de la investigación.

Así, si elaboramos una panorámica general por toda la región, comprobamos que el estudio sobre las decoraciones murales a lo largo del Setecientos se ha prestado, en especial, a subrayar en un primer lugar elementos tan característicos como los retablos fingidos. Altares ilusorios generados ya desde etapas bajomedievales pero que, durante este periodo dieciochesco, adquieren una renovada importancia debido al progresivo demérito con el que se juzgan los retablos barrocos en madera. El pensamiento ilustrado, sobresaliendo las feroces críticas de Antonio Ponz, observa en los retablos dorados un elemento retardatario, el cual busca sustituirse con construcciones de mármol, con maderas y estucos jaspeados y, también, mediante pintura decorativa. En Toledo y en algunos de sus municipios colindantes encontramos la labor de Alejandro y su hermano Luis González Velázquez, los cuales desarrollan una fluida actividad decorativa de arquitecturas fingidas. Tenemos constancia de que elaboraron retablos fingidos para la iglesia de San Ildefonso en Toledo y otros tres en pueblos cercanos: la ermita de la Virgen de la Soledad de la Puebla de Montalbán, la iglesia de Villaseca de la Sagra y el de la iglesia de Bargas, este último desaparecido. No serán ellos los únicos ejemplos que hallaremos en la Mancha.

Dentro de los recientes esfuerzos por elaborar una lectura de conjunto del arte regional –en la obra coordinada por Cortés Arrese, *Arte en Castilla-La Mancha* (Almud, 2018, vol. 2)–, han sido destacados otros retablos fingidos y arquitecturas de perspectiva de interés que deben ser, al menos, señaladas. Así, Mingo Lorente en su revisión del siglo XVIII apunta a la desaparecida ornamentación de San Pedro de las Justianianas en Cuenca ejecutada también por Alejandro González Velázquez, como ejemplo de perspectivas arquitectónicas dieciochescas. Sin olvidarse de la actividad ornamental derivada de las obras de arte efímero como los monumentos de Semana Santa; participarían en diferentes localidades toledanas arquitectos y pintores-decoradores como Gregorio García, los ya citados González Velázquez, Félix de Santiago o Benito Mendoza.

Otro ejemplo interesante fue la cubrición arquitectónica simulada de Juan Ramos Villanueva para la entrada de la catedral de Toledo con motivo de las celebraciones de la visita del arzobispo Luis María de Borbón en el año 1800.

Acercándonos a la provincia de Ciudad Real, tanto en el estudio monográfico dedicado a la pintura mural religiosa por Barranquero Contento como en la reciente tesis doctoral de Barba Romero sobre el mismo tema hallamos recogidas un buen número de referencias a hornacinas y retablos fingidos, junto a otra serie de elementos arquitectónicos simulados a través de decoración parietales. Si bien demuestran un estilo popular deudor del siglo XVII, muchas de ellas serían elaboradas durante el siglo siguiente. Ambos trabajos han contribuido a establecer una visión general de la problemática, pero nos seguiría faltando un estudio específico sobre los altares simulados en la provincia ciudarrealeña. De gran interés son las recientemente descubiertas pinturas murales de la parroquia de la Inmaculada Concepción en Herencia, que ejemplifican muy bien nuestro objeto de estudio: imágenes historiadas incluidas en un fondo arquitectónico y decorativo que las dota de sentido espacial (Fig. 1).

A todo ello habría que añadir algunos casos significativos en las provincias de Cuenca y Guadalajara que, por motivos de espacio, no podemos señalar con detenimiento. Ahora bien, repiten los modelos ornamentales que vamos a ver reproducidos en los distintos templos y ermitas de la región manchega. Focalizando nuestra atención en la provincia de Albacete, los estudios sobre pinturas murales en que se vinieron desarrollando parten, mayormente, de finales del siglo XX y la primera década de la posterior centuria. Fueron iniciativas elaboradas bajo una perspectiva de alcance provincial y regional; sin embargo, no se han abordado estudios que relacionen las obras en un contexto más ambicioso. No obstante ,la investigación local ha permitido analizar y documentar, dentro del extenso y variado patrimonio artístico albacetense, importantes ejemplos de decoraciones murales que se reparten desde la Baja Edad Media hasta los albores de la Modernidad Hispánica, destacando trabajos específicos del ámbito de la Historia del Arte y el de otros colegas de disciplinas históricas que también han documentado estas prácticas ornamentales (Luis Guillermo García-Saúco Beléndez, José Sánchez Ferrer, Alfonso Santamaría Conde, Rubí Sanz Gamo, Aurelio Pretel Marín, entre otros muchos). Mediante sus trabajos han permitido registrar y divulgar muchas de las obras sobre las que se pretende volver la mirada en esta propuesta de estudio.

Al legado anterior viene a sumarse nuestra investigación, la cual se centrará, tal y como hemos indicado, en el estudio de los grupos de pintores-decoradores del territorio albacetense comprendidos entre los siglos XVIII y comienzos del XIX, analizando su producción, los aspectos sociales de su labor y su proyección artística. Dada la particularidad histórica del territorio en las etapas designadas, el marco espacial de trabajo será el sureste peninsular, en concreto los territorios de las antiguas diócesis de Cartagena, Toledo y Cuenca, es decir, la actual provincia de Albacete, parte de la región de Murcia y algunas áreas de la de Alicante. De igual modo, creemos que no podemos minusvalorar la oportunidad de comprender todo el proceso sin reparar en un perfil biográfico de interés que tuvo su relevancia en varios lugares de Albacete. Es por ello por lo que ahondamos de manera transversal en la trayectoria vital del pintor milanés Paolo Sirtori (Fig. 2).Partiendo de un caso de estudio cercano a la metodología de la microhistoria se puede favorecer una interpretación muy rica de ese fenómeno de conflictividad sociocultural: un artista, reconocido él mismo como tal, de alcance internacional, que debe ceñirse a las normativas gremiales del artesanado nacional.

Imagen 1. Anónimo. *Detalle decoraciones murales, c. 1767,* Parroquia de la Inmaculada Concepción (Herencia). Fotografía: Luis Miguel Fernández-Montes y Corrales.

Imagen 2. Paolo Sirtori. *Detalle decoración mural (retablo fingido)*, óleo sobre lienzo (clavados al soporte mural), c. 1795, Parroquia de Santiago (Liétor). Fotografía: Marina Zamora Hernández-

A modo de recapitulación de todo lo señalado, consideramos que el examen de estas dos problemáticas en torno a los pintores decoradores y la pintura mural de arquitecturas fingidas se puede contribuir a la literatura científica del territorio albacetense en particular y de la región manchega en general. Con el fin de corresponder a ello, justificamos la importancia de la interdisciplinariedad en materias humanísticas y su directa aplicación a los estudios de ámbito local y regional, pero con una perspectiva metodológica que haga de la investigación un referente a otras escalas, tanto en el ámbito de la investigación como en el de la divulgación de resultados. Con ello se lograría configurar un enfoque en torno a un tema que, además de los procesos histórico-artísticos y estilísticos de esas particulares producciones, nos permita acercarnos a la comprensión de los mecanismos socioculturales de sus artífices, las conflictividades socioeconómicas que afloraron entre ellos e incluso las rivalidades derivadas de sus nacionalidades, sobre todo las redes de convivencia y el enfrentamiento establecido con los extranjeros.

REFERENCIAS:

ALMANSA MORENO, J. M.; MORAES MELLO, M. y MOLINA MARTÍN, R. (eds.) (2020): *La pintura ilusionista entre Europa y América.* Sevilla: Universidad Pablo de Olavide.

BELDA NAVARRO, Cristóbal (1993). *La "ingenuidad" de las artes en la España del s. XVIII.* Murcia: Real Academia Alfonso X el Sabio.

JAQUERO ESPARCIA, Alejandro (2021): "Pintura decorativa, arquitecturas fingidas y conflictividad artística en los territorios de Albacete durante el siglo XVIII", en Juan DÍAZ ÁLVAREZ, Fernando MANZANO LEDESMA y Rodrigo OLAY VALDÉS (coords.): *Sobre España en el largo siglo XVIII*(pp. 337-348). Gijón: Trea.

JUNQUERA MATO, Juan José (1979): *La decoración y el mobiliario de los palacios de Carlos IV.* Madrid: Sala Editorial.

MOYA GARCÍA, María Luisa (1983):*Pablo Sistori: un pintor italiano en la Murcia del siglo XVIII.* Murcia: Real Academia Alfonso X el Sabio.

ESTUDIO SOCIOLÓGICO DE LA IDENTIDAD MANCHEGA EN LAS PROVINCIAS DE CASTILLA-LA MANCHA Y CIRCUNDANTES.

SERGIO ESCALONA LÓPEZ

La Mancha Importa

1. CONTEXTO SOCIAL E HISTÓRICO A LA ENCUESTA SOBRE LA IDENTIDAD MANCHEGA

La razón de ser de la presente encuesta no es sino entender mejor la situación de la identidad manchega desde varias perspectivas: cultural, territorial e institucional. Nace de la necesidad de enmarcar «lo manchego» en el mapa; tener un listado de municipios pertenecientes a la idiosincrasia manchega con tal de poder realizar estudios y estadísticas del conjunto del Pueblo Manchego.

Nunca se ha cartografiado al Territorio Manchego en su totalidad. El único mapa oficial de La Mancha lo concluyó la Provincia de La Mancha (oficial desde 1691 hasta 1833) con capital en Ciudad Real. Ha habido más intentos de mapear el Territorio Manchego como el del Félix Pillet (2) en el que se basa en el paisaje y la obra literaria de Don Quijote de La

Mancha para hacer el mapa, dibujando como La Mancha únicamente el espacio abarcado por la Llanura Manchega sugiriendo incluso una nueva comarcalización de Castilla-La Mancha donde se daría más peso a las comarcas y menos a las provincias (imagen 1).

En internet las hay por miles las imágenes en las que se intenta cartografiar «lo manchego» o el Territorio Manchego; algunos basados en La Mancha histórica (Llanura Manchega, Campo de Montiel, Campo de Calatrava, Sierra de Alcázar, Manchuela y la Mancha de Montearagón) (imagen 2), otros en la comarcalización actual (imagen 3) en la que únicamente se nombró «La Mancha + provincia» a la zona de la Llanura Manchega correspondiente a cada una de las cuatro provincias, otros en la extensión de la cultura e influencia manchega, etc.

Se concluye por tanto que no existe una unanimidad ni homogeneidad a la hora de representar geográficamente al Territorio Manchego. Es por eso que se decidió arrancar la Encuesta sobre la Identidad Manchega del presente Congreso, atendiendo a la percepción identitaria del propio habitante manchego.

Las herramientas con las que cuenta la Encuesta son limitadas y humildes, pues el colectivo responsable, La Mancha Importa, no posee capacidad económica pues es una agrupación sin ánimo de lucro. Se intentaron seguir en la medida de lo posible las directrices marcadas por el Centro de Investigaciones Sociológicas (CIS) (3)

La encuesta utiliza la herramienta de Google Forms y se distribuye por redes sociales: twitter e instagram principalmente. Consta de preguntas relacionadas con la Identidad y Cultura Manchega, la lógica territorial del Territorio Manchego y su encaje actual en Castilla-La Mancha. Dependiendo de la pregunta se puede contestar en forma de texto libre, elección múltiple o en una escala del 1 al 5.

Es importante saber que esta Encuesta no cuenta con las garantías estadísticas ni sus resultados son significativos estadísticamente pues la muestra no es representativa ni el número de participaciones extrapolable; quede constancia de que hay municipios que cuentan con una única participación. Sin embargo, estas respuestas pueden dar lugar a reflexiones y debates pues podría esbozar o proponer una cartografía manchega por primera vez municipio a municipio. Otras de las conclusiones interesantes que se podría sacar, sería el grado de satisfacción o identificación institucional de los manchegos para con Castilla-La Mancha.

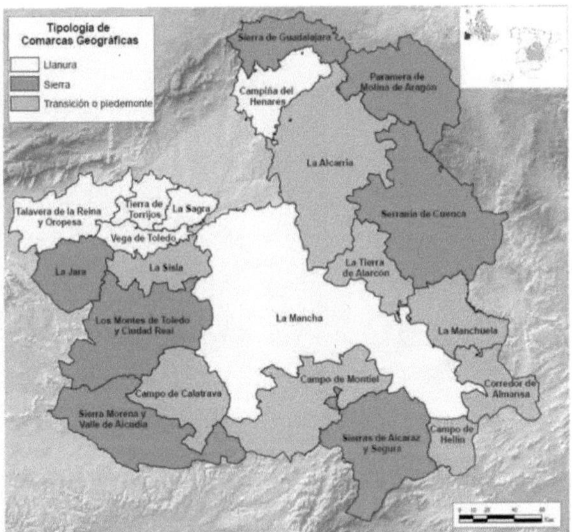

Imagen 1. *La Comarcalización de Castilla-La Mancha*, propuesta por Félix Pillet.

Imagen 2. *Cartografía aproximada de La Mancha histórica.*

Imagen 3. *Comarcas actuales con la denominación La Mancha en las cuatro provincias. Abarcan sólo la Llanura Manchega.*

La encuesta lleva activa y en circulación desde abril del 2020. Para evitar respuestas duplicadas se pide identificación con correo electrónico, DNI, año de nacimiento y localidad a la que harán referencia las respuestas.

A fecha 16 de diciembre de 2022, la encuesta cuenta con una participación de 1889 personas de 301 municipios diferentes. De ellos, 296 pertenecientes a Castilla-La Mancha (el 32,2% del total de los municipios), 2 pertenecientes a la provincia de Valencia y 3 a la de Murcia.

RESULTADOS DE LA ENCUESTA

>>A la pregunta: Sobre esa localidad, ¿Cuán probable es oír que es manchega (o de La Mancha/una comarca manchega)?

Respondiendo en una escala del 1 al 5 (donde 1 es nada manchega y 5 muy manchega), se crea el siguiente «mapa 1» por municipios, representado en escala de color rojo (blaco-rojo) según la imagen 5.

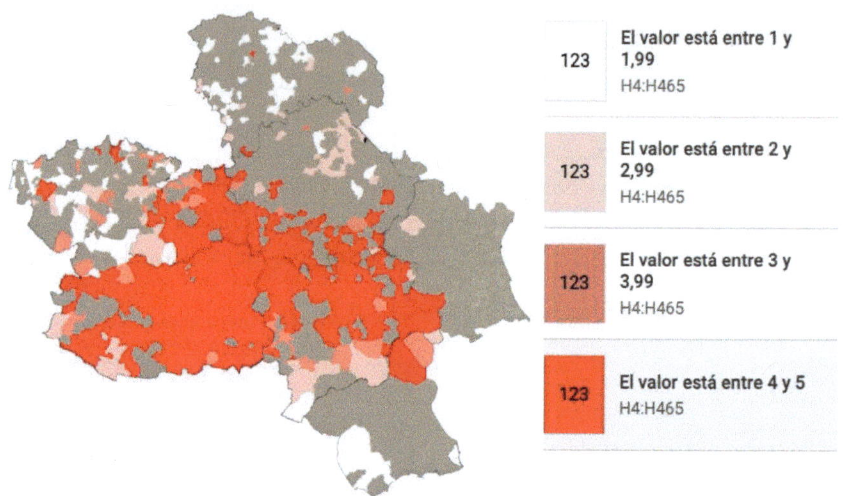

Mapa 1. *Mapa ilustrado por municipios de la percepción de la identidad manchega del propio municipio con escala de colores blanco-rojo según la respuesta en escala del 1 al 5.*

Los resultados de la encuesta son muy interesantes y esclarecedores hasta cierto punto. No olvidemos que estos resultados no se pueden tomar como significativos.

La Mancha Alta, La Mancha Baja, Campo de Calatrava, Campo de Montiel, La Manchuela, Mesa de Ocaña y La Mancha de Montearagón poseen una ineludible identidad manchega. La Sierra de Alcaraz también, pero hay ausencia de datos por municipios, algo que pasa en las comarcas más despobladas por tónica general.

En el caso de La Sierra del Segura y Campos de Hellín están más divididas. El norte de ambas comarcas posee una identidad más manchega que el sur; más palpable incluso en la Sierra del Segura. Hellín es el municipio con menos identidad manchega de su comarca pues tanto en Tobarra como Albatana y Ontur existe una identidad manchega clara.

Los Montes de Toledo se podría decir que existe una identidad mixta, pues aunque en la mayoría de los pueblos la identidad manchega es nula o baja, hay algunos sobre todo en la provincia de Ciudad Real que se identifican claramente como manchegos como son el caso del Robledo, Malagón y Piedrabuena. En la provincia de Toledo la diferencia es más notable siendo Urda y Los Yébenes el punto de inflexión de la identidad manchega, estando en alto contraste con Consuegra o Madridejos, pueblos con una tasa elevadísima de identidad manchega. La Mesa de Ocaña también posee una alta identidad manchega.

Respecto a las capitales de provincia, tanto la ciudad de Toledo como la de Cuenca poseen una identidad manchega baja pero existente, en contraposición a Guadalajara que es nula y Albacete y Ciudad Real que es altísima.

La parte no-manchega de la provincia de Cuenca cuenta con muy poca participación. Bien es sabido su alta tasa de despoblación que como ya fue mencionado anteriormente coincide con baja tasa de participación.

La provincia de Guadalajara en su totalidad posee una tasa cero de identidad manchega excepto algunos puntos localizados de una sola participación que como ya fue avisado al principio de este escrito, no son significativos. Lo mismo pasa en la parte no-manchega de la provincia de Toledo. A pesar de que se necesitaría mayor número de participantes para sacar conclusiones más claras, esto puede tener algo que decir, pues a pesar de que esas zonas nunca han sido histórica, paisajística o culturalmente manchegas, algunas personas que han participado así lo han hecho ver. Esto podría ser resultado de la «mancheguización» de Castilla-La Mancha, un intento de extrapolar la cultura e identidad manchega al conjunto de la Comunidad Autónoma. Se pueden ver carteles de «bienvenido a la Tierra del Quijote» (imagen 4) al entrar a la provincia de Guadalajara o tiendas o souvenirs manchegos en las ciudades de Cuenca o Toledo. Sin olvidar el mejunje toponímico en los que quedan enzarzados muchos medios de comunicación o incluso académicos entre los conceptos «manchego», «castellanomanchego» y «castellano-manchego», utilizando el adjetivo «manchego» en muchas ocasiones para referirse a conceptos que atañen a toda Castilla-La Mancha o el «castellanomanchego» para cuestiones estrictamente manchegas. Lo «castellanomanchego» se debería, en todo caso, guardar para cuestiones rigurosamente institucionales y administrativas en lo referente a la Comunidad Autónoma de Castilla-La Mancha, pero nunca a temas culturales o identitarios de sus gentes.

Imagen 4. *Cartel de bienvenida a la entrada de la provincia de Guadalajara donde se puede leer «Bienvenidos a la Tierra del Quijote».*

Otros puntos de interés que esbozan este mapa creado por sus propios habitantes es el caso de Almansa que siempre ha suscitado dudas sobre su identidad manchega. Pues los participantes almanseños dejan bien claro que Almansa tiene una alta identidad manchega (no excluyente de otras identidades o influencias; estas son valenciana y murciana). El caso del Valle de Alcudia y Sierra Morena también es interesante; la mayoría de los municipios se identifican altamente como manchegos a excepción de Chillón y Guadalmez por un lado y la zona de Fuencaliente y Brazatortas por otro con media-baja identidad manchega. Almadén tiene un nivel medio-alto de identidad manchega.

Las participaciones fuera de Castilla-La Mancha son de alto valor sociocultural pues podrían estar mostrando las áreas de influencia manchega pues, a pesar de no pertenecer a una comunidad autónoma denominada «manchega» se identifican claramente como tales. Estos son el caso de Ayora en el Valle de Ayora (provincia de Valencia) y de Yecla y Jumilla en el Altiplano (provincia de Murcia. También hay respuestas por parte de Lorca (nula identidad manchega) y Utiel con identidad manchega media-baja.

>>A la pregunta: ¿Se identifica usted de manera natural como castellanomanchego?

>Los manchegos responden:

La imagen 7 muestra que los habitantes de los municipios manchegos se identifican de manera «natural y espontánea» como:

- El **80,4%** se identifican únicamente como manchegos.
- El **13,2%** se identifican como castellanomanchegos.
- El **3,6%** se identifican con otra diferente.
- El **2,8%** se identifican únicamente como castellanos.

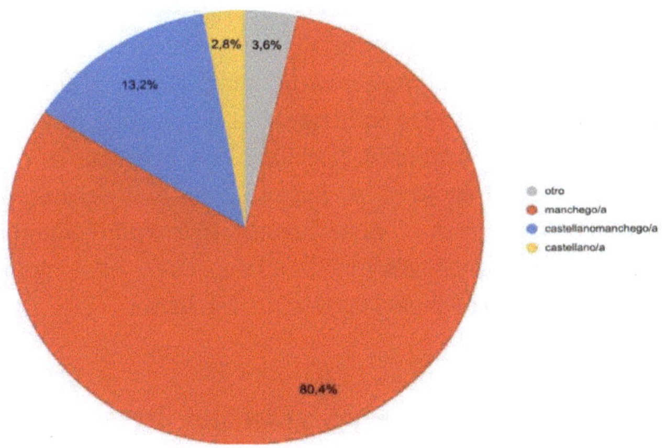

Imagen 5. Identificación natural y espontánea de los habitantes de los municipios manchegos.

>>A la pregunta: Sobre esa localidad, ¿Cuán probable es oír que es manchega? ¿Y castellana?

>Los habitantes de municipios manchegos responden (Tabla 1):

%	manchega	castellana
Común	77	8
-	16	10
-	7	16
-	0	30
Nunca	0	35

Tabla 1. *Normalidad al escuchar que la localidad es manchega o castellana.*

Como se aprecia en la Tabla 1, es muy común escuchar que la localidad es manchega o relacionarlo con lo manchego y nadie ha respondido que es poco común o nada común. Esto denota la **solidez** de la identidad manchega de sus municipios.

Con respecto a la denominación de «municipio castellano» las respuestas han sido contundentes en la negativa: la mayoría responde que a su municipio nunca se le denomina castellano o casi nunca.

Esta pregunta de la encuesta se lanza en torno al debate sobre el mancheguismo como opuesto al castellanismo que según esta encuesta parece algo que los manchegos tienen claro: tanto ellos como sus municipios son considerados manchegos y no castellanos.

>>A la pregunta: En la localidad, ¿Con qué frecuencia usas el gentilicio (o adjetivo) manchego? ¿Y castellanomanchego? ¿Y castellano?

>Los habitantes de municipios manchegos responden (Tabla 2):

%	manchego	castellano	castellanomanchego
Común	56	4	7
-	28	4	15
-	9	9	20
-	4	23	28
Nunca	3	61	29

Tabla 2. Frecuencia de uso del gentilicio o adjetivo manchego, castellano o castellanomanchego.

Es muy común utilizar el gentilicio o adjetivo manchego y muy poco común el castellano. En cuanto al castellanomanchego es poco común, pero está más extendido que el castellano.

Esta tabla denota la clara inclinación de sus habitantes por mantener categóricamente la denominación manchega por encima sobre todo de la castellana y en menor medida de la castellanomanchega. Parece que los habitantes de municipios manchegos tienen claro que su idiosincrasia es manchega.

>>A la pregunta ¿Sabes a qué comarca pertenece la localidad?

>Los habitantes de municipios manchegos responden (Imagen 8):

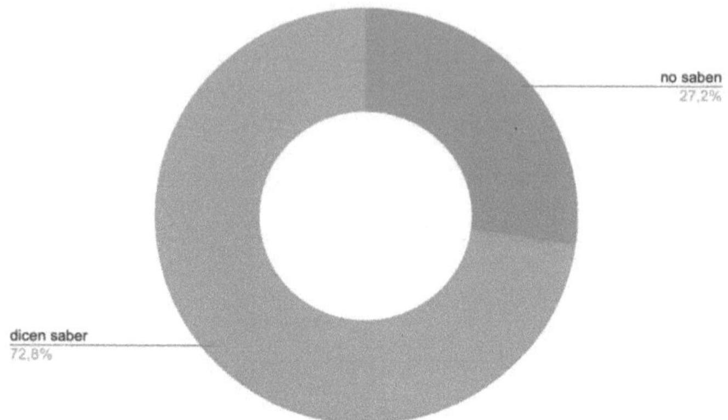

Imagen 6. *Porcentaje de habitantes de pueblos manchegos que dicen saber que saben a qué comarca pertenece su localidad.*

Casi tres cuartos de los participantes afirman que conocen la comarca a la que pertenece su localidad, sin embargo, aunque lo sepan, en general no hay homogeneidad de respuestas (hay una pregunta extra que se pide decir qué comarca es a la que se pertenece), lo cual no significa exactamente que no lo sepan, sino que **no hay un consenso** en cómo denominar a la comarca ni qué límites exactos tiene pues se entremezclan los históricos, los naturales, los culturales y la división comarcal actual que entremezcla todos ellos. Muchos de ellos responden con la comarca del pueblo o ciudad más cercana a su municipio, por ejemplo, Comarca de Puertollano, una especie de área de influencia de un núcleo urbano importante y sus municipios dependientes socio-laboralmente.

Queríamos saber si además de la persona que está realizando la encuesta, los participantes creen que es común que la gente de la localidad conozca a qué comarca pertenece (Tabla 3) y la mayoría cree que sí.

>>A la pregunta: ¿Crees que la gente de la localidad sabe a qué comarca pertenece? (%)

>Los habitantes de municipios manchegos responden:

Totalmente	45
-	22
-	19
-	11
No	4

Tabla 3. *Porcentaje de habitantes de municipios manchegos que según el encuestado sabe a qué comarca pertenece.*

Es curioso que la mayoría está muy seguro de que la gente de su municipio sabe perfectamente a qué comarca pertenece. Igualmente, como en el apartado anterior, cuando se les pide decir a qué comarca pertenecen, hay gran disparidad y heterogeneidad de respuestas pues se abarcan desde diferentes puntos de vista conceptuales: paisajístico, histórico, político…

Cuestión del encaje territorial, administrativo, institucional, cultural e identitario en Castilla-La Mancha.

>>A la pregunta: ¿Te sientes naturalmente «castellanomanchego»?

>Manchegos y no-manchegos responden:

Como se aprecia en la Imagen 9, un 31,4% de los manchegos nunca se identifican con el término «castellanomanchego», sin embargo asciende hasta el 88.7% de los manchegos que primero se sienten manchegos o de su pueblo, pero el término «castellanomanchego» no les molesta. Únicamente un 5,2% de los manchegos sienten el gentilicio «castellanomanchego» por encima de cualquier otro. Y por otro lado un 1,6% se siente únicamente españoles.

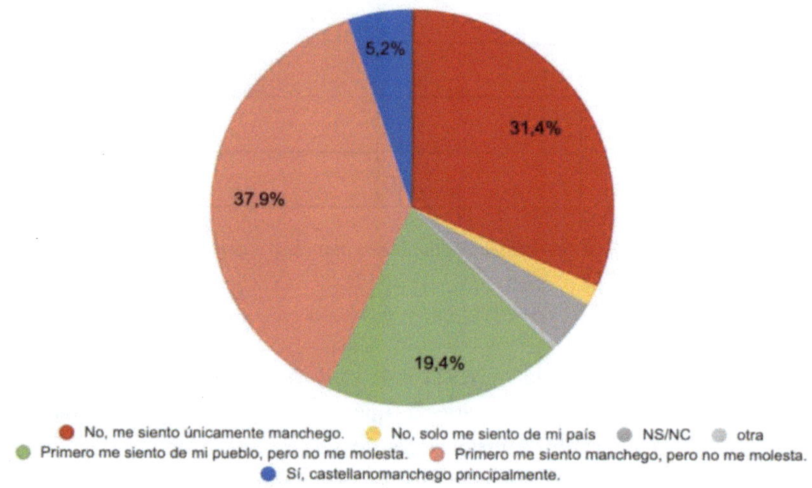

Imagen 7. *Autoidentificación con el término «castellanomanchego» por parte de los manchegos*

La imagen 10 muestra el caso de los no manchegos. Hasta el 37,6% rechaza el gentilicio «castellanomanchego», el 18,2% se siente castellano, el 16,2% únicamente español (un 14,6% más que el caso de los manchegos), el 2,4% alcarreno y el 0,4% murciano. Un 33,2% acepta el término «castellanomanchego», pero pone por encima el gentilicio de su pueblo (15%) o el de su región (18,2%) sin especificar cuál (Castilla, la Alcarria…).

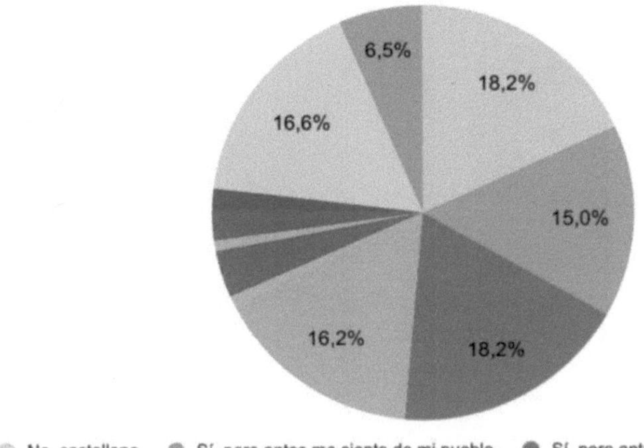

Imagen 8. *Autoidentificación con el término «castellanomanchego» por parte de los no-manchegos.*

>>A la pregunta: ¿Crees que el topónimo «castellanomanchego está sustituyendo al de manchego»? ¿Y esta sustitución te preocupa?

>Los manchegos responden:

Las respuestas están equilibradas, un 47,2% cree que sí lo está sustituyendo y un 42,4% cree que no y a un 43,4% le preocupa este cambio mientras que a un 49,2% no le preocupa. Esto podría denotar que creen que el término manchego es suficientemente sólido para sobrevivir al de «castellanomanchego» o que lo dan por perdido ya. Habría que hacer más preguntas para corroborarlo.

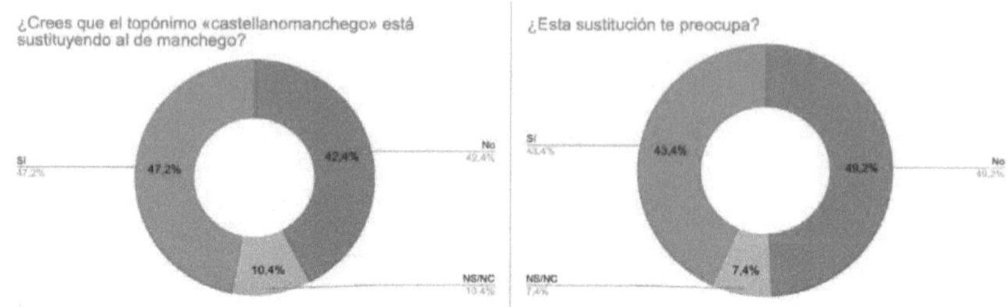

Imagen 9. *Percepción de la sustitución del término «castellanomanchego» por el de manchego.*

>>A la pregunta: ¿Crees que las generaciones anteriores se sienten cómodos con el gentilicio «castellanomanchego»?

Con esta pregunta se pretende conocer si el término «castellanomanchego» ha calado mejor en las nuevas generaciones que se han criado con Castilla-La Mancha en los libros que en las anteriores.

La imagen 12 muestra rotundidad. El término «castellanomanchego» no ha calado en las generaciones mayores. Casi el 80% prefiere que se les llame manchegos y sólo un 13% creen que no les molesta o se sienten cómodos con ello.

¿Fracaso en las políticas de normalización de lo «castellanomanchego»? Ya decía Barreda (3) que Castilla-La Mancha no fue una Comunidad Autónoma muy deseada y que a los niños se les hizo una labor metiendo a CLM en la educación.

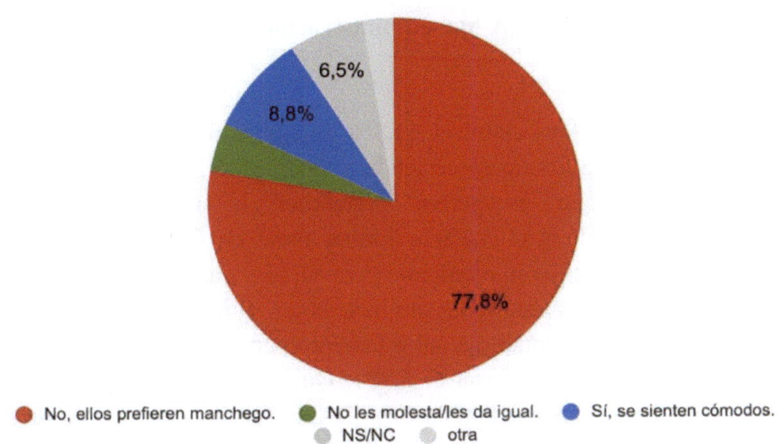

Imagen 10. *Identificación con el gentilicio «castellanomanchego» de los padres y abuelos según el encuestado manchego.*

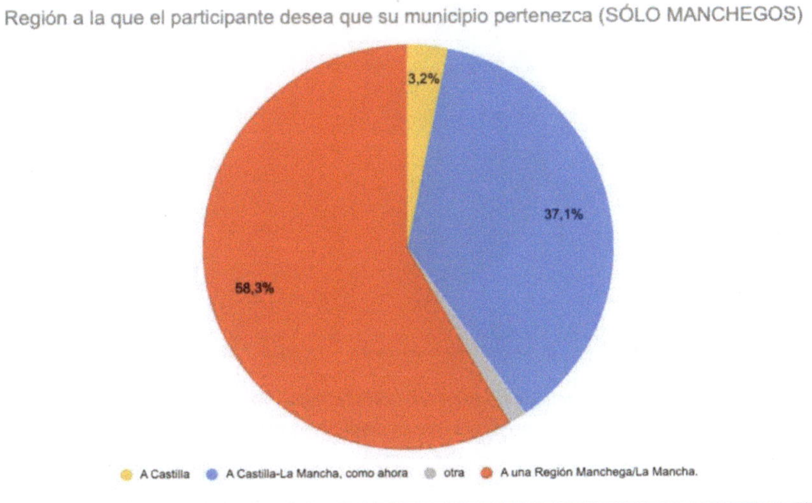

Imagen 11. *Preferencia de división territorial administrativa a la que los manchegos prefieren que su municipio pertenezca.*

>>A la pregunta: ¿A qué administración territorial te gustaría pertenecer?

La imagen 14 es clara, el **61,5%** de los manchegos rechazaría que su municipio siguiese perteneciendo a Castilla-La Mancha, siendo el **58,3%** de ellos que escogerían pertenecer a una Región Manchega autogestionada y el **3,2%** a formar parte de Castilla. El **37,1%** están contentos con que su municipio pertenezca a Castilla-La Mancha.
Cuando se pregunta a los no-manchegos (imagen 15) el porcentaje de aquellos que aceptan que su municipio pertenezca a Castilla-La Mancha baja drásticamente hasta el **6,9%**. Quizás sea debido a las políticas de «mancheguización» de toda Castilla-La Mancha. La mayoría de ellos, un **77,2%** desearía incluirse dentro de una Región de Castilla.

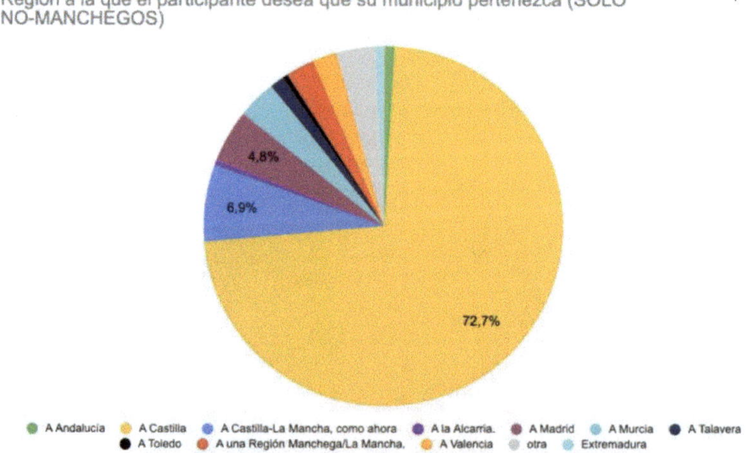

Imagen 12. *Preferencia de división territorial administrativa a la que los no-manchegos prefieren que su municipio pertenezca.*

>>A la pregunta: ¿Crees que una Región Manchega podría atender mejor las necesidades de los manchegos?
>Los manchegos responden:

Casi tres cuartos de los encuestados manchegos (73,3%) creen que una Región Manchega ayudaría a conservar y potenciar la cultura e identidad manchega (imagen 13) y más de la mitad, un 54,4% creen que atendería mejor las demandas de los manchegos que la actual Castilla-La Mancha (sólo un 22,1% creen que CLM lo hace mejor que lo haría una Región Manchega) (imagen 14).

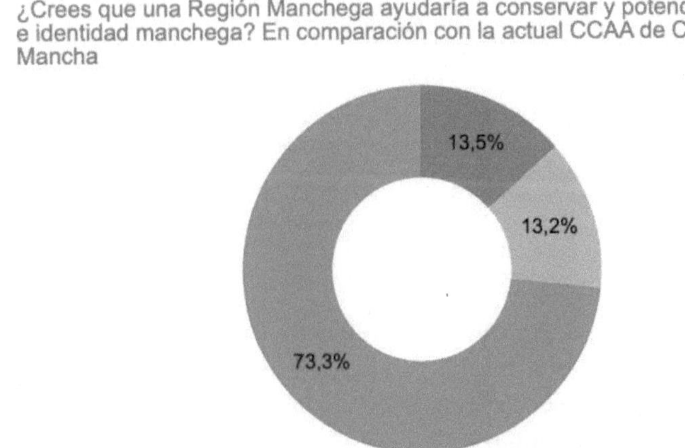

Imagen 13*. Opinión de los manchegos sobre si una Región Manchega ayudaría a conservar y potenciar la cultura e Identidad Manchega.*

¿Crees que una Región Manchega podría atender con más precisión las demandas de los manchegos? En comparación con la actual CCAA de Castilla-La Mancha.

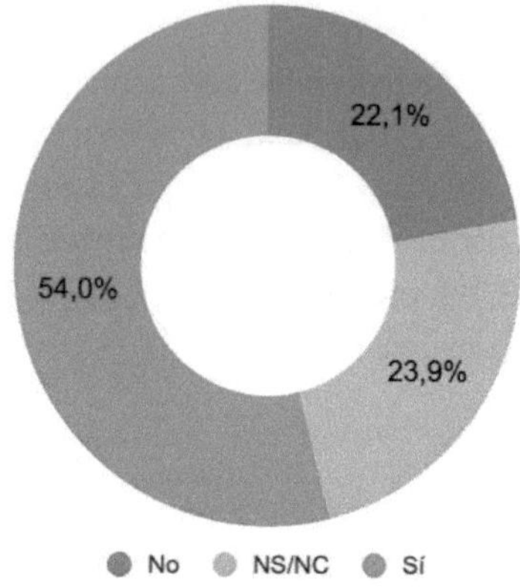

Imagen 14. *Opinión de los manchegos sobre si una Región Manchega ayudaría atender con mayor precisión las demandas de los manchegos en comparación con Castilla-La Mancha.*

>>A la pregunta: ¿Crees que el concepto de Castilla-La Mancha y lo «castellanomanchego» difumina la identidad cultural manchega y por tanto invisibiliza al Pueblo Manchego?
>Los manchegos responden:

Como muestra la imagen 15, el **38,1%** de los manchegos creen que la identidad manchega queda *totalmente o muy* difuminada con el concepto Castilla-La Mancha, el **37,5%** creen que *un poco* y un cuarto de los manchegos, el **24,3%** cree que no le afecta ni para bien ni para mal.

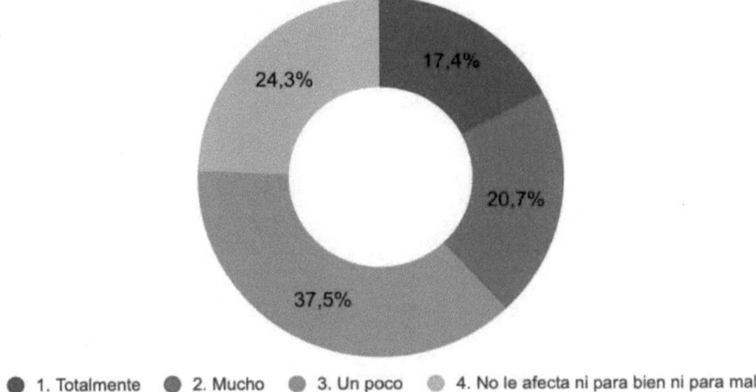

Imagen 15. *Opinión de los manchegos sobre la difuminación del término manchego por el de castellanomanchego.*

>>A la pregunta: Imagina que se crease una Región o Autonomía manchega, ¿Cuál crees que debería ser su capital?

Como muestra la imagen 16, las tres capitales preferidas serían Albacete (27,5%), Alcázar de San Juan (23,9%) y Ciudad Real (17,9%). Siendo más de la mitad de los encuestados, el 51,4% que escogería entre las dos primeras. Les siguen Tomelloso (8,8%), Almagro (2,9%), Valdepeñas (2,7%) y Villarrobledo (2,3%) con opciones que más del 1% de los encuestados escogerían.

Hasta el 94,7% de los encuestados no escogería a Toledo como su capital. Únicamente el 5,3% está contento con ello.

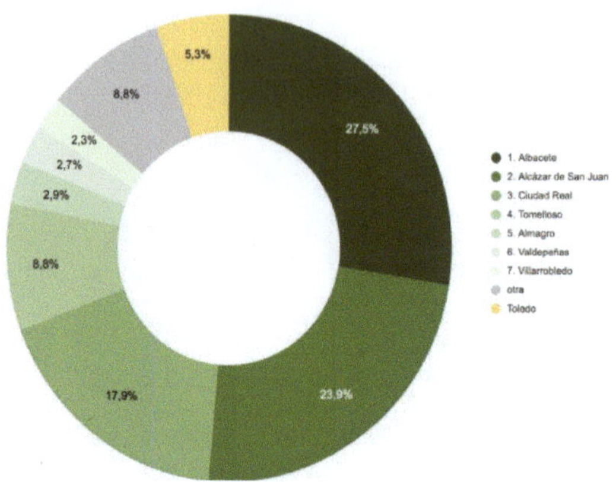

Imagen 16. *Capital preferida por los manchegos para una posible Región Manchega.*

REFERENCIAS:

España dividida en provincias e intendencias y subdividida en partidos, corregimientos, alcaldías, mayores, gobiernos políticos y militares... / obra formada por las relaciones originales de los respectivos intendentes del reyno, a quienes se pidieron de orden de S.M. por el... Conde de Floridablanca...; tomo I

PILLET, Félix. El Quijote y La Mancha: la evolución de la imagen literaria del paisaje rural.

AZOFRA, María José. Cuadernos Metodológicos, 26, Centro de Investigaciones Sociológicas. URL: https://libreria.cis.es/static/pdf/CUADERNO_METODOLOGICO_026.pdf

RODRÍGUEZ, Belén. Entrevista a José María Barreda. Ciudad Real: Diario Lanza, 27 de abril de 2022. URL: https://www.lanzadigital.com/provincia/barreda-el-psoe-es-el-partido-regionalista-de-castilla-la-mancha-por-eso-no-proliferan-otros/

USO DE UN SISTEMA DE INFORMACIÓN GEOGRÁFICO PARA EL ANÁLISIS DE LOS RECURSOS HÍDRICOS Y ENERGÉTICO SOLAR PARA SU APLICACIÓN A LA AGRICULTURA DE REGADÍO DE AGUAS SUBTERRÁNEAS.

ÁLVARO RUBIO ALIAGA.

Universidad Politécnica de Cartagena (UPCT).

1. ABSTRACT

La situación climática actual, pone en grave riesgo la agricultura manchega, a lo que se suma la crisis energética que estamos viviendo en 2022. La agricultura de regadío que se practica aquí está en riesgo a causa de años de extracciones insostenibles, formas de riego ineficientes y permisividad a cultivos de altas necesidades hídricas, las cuales han ido minando las oportunidades de dicha zona agrícola. Solventar la problemática hídrico-energética en La Mancha pasa por el conocimiento de sus recursos de una manera precisa.

Por ello, el objetivo principal de este artículo está en el estudio de la zona agrícola concreta de La Mancha, haciendo hincapié en su actividad agrícola, en su acuífero, en el grado de sobreexplotación de éste y la situación socioeconómica de la agricultura de dicha zona. Para ello se usa un Sistemas de Información Geográfica, QGIS.

2. INTRODUCCIÓN. PROBLEMÁTICA HÍDRICA Y ENERGÉTICA DE LA AGRICULTURA MANCHEGA

En la zona de estudio (el Acuífero 23 con 5500 km^2) el regadío ha sido una mejora esencial en la producción agrícola. La Mancha ofrece la mejor muestra de las vastas llanuras de secano en las que se ha implementado el regadío durante el último siglo ya sea por embalses construidos, por medio de canales o desecando las riberas y zonas pantanosas, o por la explotación hídrica de los acuíferos. Así comenzó a usarse el agua del Acuífero 23 debido a una gran inversión en tecnología de bombeo. Durante los últimos 40 años la modernización del campo y la alta producción que aportaban los grandes regadíos de agua de pozo hizo que las pequeñas explotaciones tradicionales no pudieran seguir adelante, compitiendo (económica y productivamente) con las grandes parcelas recientemente puestas en regadío, que iban en aumento propiciando de esta forma una gran presión hídrica sobre el Acuífero 23.

Debido a la permisividad de cultivos con elevada demanda hídrica y unas formas de riego ineficientes e incoherentes con las características hidrológicas de la zona, unido a una deficiente formación medioambiental de los agricultores y a una nula falta de control de los responsables para que no se produjeran sobrexplotaciones, el nivel freático bajó de forma drástica. "De 1988 a 1995, que engloba un periodo de sequía y los valores máximos de explotación, con extracciones en torno a 600hm3/año, los descensos se acentúan llegando a un valor medio de 2,3m/año" (IGME, 2004). A día de hoy existen aún luchas por el acceso al agua, creando problemas para conciliar la agricultura con el medioambiente.

Hoy en La Mancha se ha tomado conciencia que los recursos naturales (y el acuífero) no son inagotables. También que existe la necesidad de regularlo y de tomar medidas en la gestión del agua, modernizando las formas de regadío por goteo y por aspersión, ya que la demanda y eficiencia del uso del agua repercuten inevitablemente en la vida del agricultor. Ahora, además, se debe afrontar una serie de problemas añadidos de cara al futuro. Por un lado, el cambio climático augura menos precipitaciones, un aumento de la temperatura y más sequías. Por otro lado, la pérdida de una agricultura tradicional más sostenible ha traído consigo el abandono de las pequeñas parcelas y la despoblación de amplias zonas rurales.

La bajada del nivel freático es un problema difícil de soportar por el agricultor, ya que obliga a tomar una parte importante de los beneficios de su producción en costear el combustible para el bombeo del agua necesaria si no quiere echar a perder su tierra y su cosecha. Ello provoca una reducción del margen de beneficio del agricultor que solo puede aumentar del precio de los productos a riesgo de perder competencia con productos más baratos provenientes de países en desarrollo, que de hecho es lo que ocurre en muchas ocasiones. O algunas veces abandonar el cultivo o la parcela, que, aunque perfectamente apta para el cultivo de secano, la producción genera tan pocos beneficios que imposibilita subsistir de ella. Así, las pequeñas parcelas de 2-6 hectáreas con un pozo van desapareciendo en tanto que no es rentable mantener el pozo, en beneficio de agrupaciones particulares mayores de 20 o más hectáreas.

Así pues, una subida de los precios energéticos en el futuro pone en una gravísima situación a aquellos sectores que dependen del diésel como combustible, en este caso la agricultura. Lo cual puede generar un abandono masivo de tierras en las cuales no sea económicamente viable su riego por bombeo. Por lo tanto, muestra la clara evidencia de cómo el problema energético emerge finalmente, condicionando la viabilidad económica de muchos cultivos y zonas agrícolas, y necesitando encontrar una solución a corto plazo.

En general en España, como en esta zona, hay un acusado descenso de la población activa agraria, pero mientras que a nivel nacional la participación de la agricultura en el PIB es muy baja frente a otros sectores, en la zona de estudio el sector agrícola tiene mucho peso en la economía local y, en mayor medida, es su sustento. De ello dependen los 486296 habitantes que viven sobre el Acuífero 23, con ciudades importantes como Ciudad Real, Tomelloso, Villarrobledo, Alcázar de San Juan, Valdepeñas o Manzanares. La despoblación comienza a ser un problema.

De esta forma, y atendiendo a la integración paulatina de recursos renovables, como la energía solar, se hace necesario analizar el acuífero y su agricultura y estudiar la óptima forma de aplicar las nuevas tecnologías para bombear agua.

2.1. CASO DE ESTUDIO.

La región de estudio, es decir La Mancha, es una extensa llanura asentada sobre un acuífero. Se trata de una cuenca sedimentaria formada por la orogenia alpina y rellenada con sedimentos detríticos en la base, cubiertos por mantos aluviales y "rellenos continentales del Mioceno y Plioceno" (García Rodríguez, 1996), en el que predominan las calizas responsables del sistema kárstico que posee.

El área manchega es declarada según la clasificación climatológica Köppen-Geiger como Bsk o Semiárido frio, viene determinada por un clima mediterráneo continentalizado asociado a veranos secos y calurosos llegando a los 43ºC, con elevada insolación. Con una temperatura media anual que "oscilan entre los 14,1ºC y 15,3ºC" (Pérez González, 1998), en la que los inviernos son fríos a menudo por debajo de 0ºC y con un periodo de heladas. Quedando las estaciones de la primavera y el otoño suaves y húmedos. Sus escasas precipitaciones (300-500mm) y una evaporación muy elevada son reflejo evidente de la aridez del clima manchego como atestigua el Índice Martone, con valores entre 10 y 20, confirmando un estatus semiárido.

En referencia a su agricultura, ésta es mediterránea (olivo, cereal y vid), la cual ha jugado aquí el papel de sustento de culturas autóctonas, como atestiguan algunas construcciones como acequias, azudes, molinos, etc.

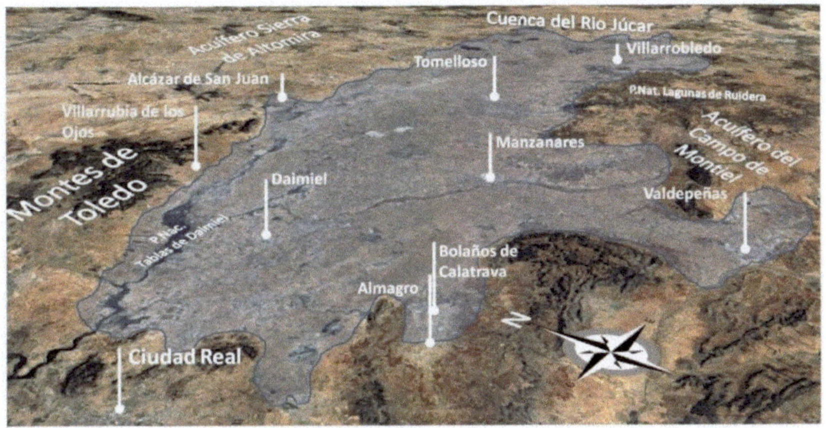

Figura 1. *Mapa de Caso de Estudio.* Fuente: Elaboración Propia.

3. METODOLOGÍA.

Los Sistemas de Información Geográfica son herramientas constituidas por bases de datos geográficos y alfanuméricos con funciones de cartografía digital. Esto es, operan la vez con dos tipos de información, ubicación espacial y temática, y deben ser capaz de integrar, almacenar, editar, analizar y compartir los datos, además de presentar los resultados obtenidos. Por tanto, los SIG son herramientas de análisis y visualización geográfica que tienen como objetivo proporcionar las soluciones a problemas planteados en el territorio, permitiendo crear modelos de evaluaciónpara una óptima actuación sobre el territorio.

Con el SIG se pretende analizar la hidrogeología del acuífero de La Mancha, su agricultura, su demanda hídrica y su potencial solar. en este caso es determinar las parcelas agrícolas y su aplicabilidad al bombeo solar de la zona de estudio.

3.1 PROCESO DE APLICACIÓN DEL SIG AL CASO DE ESTUDIO-

Se ha seguido una metodología en la que se buscaba analizar las parcelas de uso agrícola sobre el acuífero exclusivamente. En este paso se ha buscado delimitar la zona de estudio a la zona del Acuífero 23 de Castilla La Mancha. Los 65 municipios que tienen parte de su término municipal sobre el Acuífero 23 ubicadosen las confluencias de las provincias de Toledo, Cuenca, Albacete y Ciudad Real, siendo la gran parte de esta última provincia.

Para ello se detallan las capas que señalan alguna información:

a) Capas de Administraciones y Términos Municipales.
b) Capa Ortofoto.
c) Capa de Relieve.
d) Capa Parcelas.
e) Capa de Vías de Comunicación.
f) Capa de Usos de Suelo.
g) Capa de Infraestructuras.
h) Capa de Recursos Naturales y Zonas Protegidas.

i) Capa de Radiación Solar Anual Media.Através de los datos de las 9 estaciones en el área de estudio que posee del SiaR de Castilla La Mancha, un organismo agrícola que usa dichos datos para valorar y asesorar a los agricultores en el riego y que cuenta con piranómetros especializados SKYE SP1110 (CAMPBELL), se ha realizado un análisis del recurso solar incidente en el área del acuífero. Con los datos anuales de cada una de las estaciones se ha elaborado un mapa de radiación solar detallado con QGIS, de la distribución de la radiación sobre la zona de estudio.

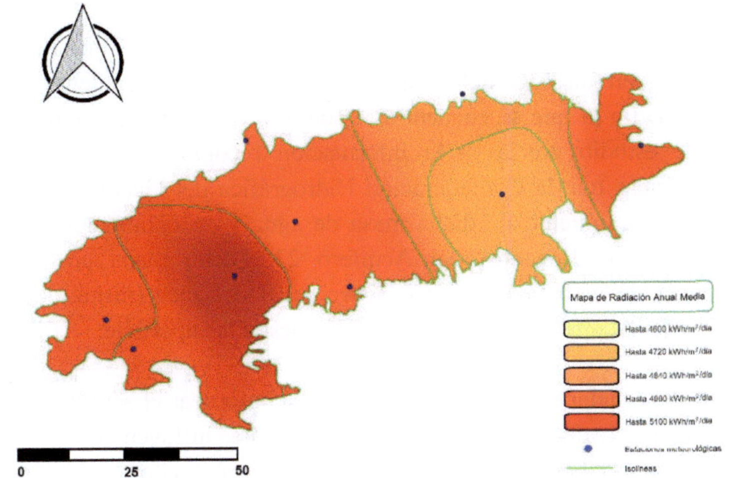

Figura 2. *Mapa de Radiación Solar Anual Media.* Fuente: Elaboración Propia.

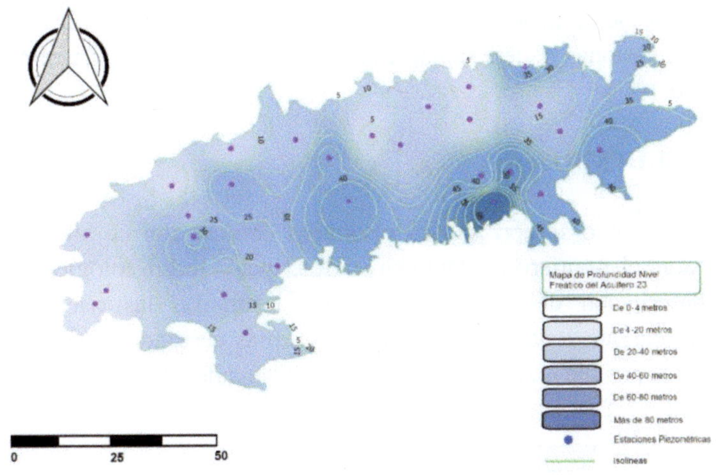

Figura 3. *Mapa de Piezometría del Nivel Freático del Acuífero 23.* Fuente: Elaboración Propia.

j) Capa Piezométrica del nivel freático del Acuífero 23. Se ha realizado una capa con un SIG del área del acuífero y además cuenta con la profundidad a la que se encuentra el acuífero en diferentes puntos de la zona de estudio gracias a la información recogida de 26 estaciones piezométricas que la Confederación Hidrográfica del Guadiana usa para hacer un seguimiento de dicha masa de agua y en colaboración con la Comunidad de Regantes del Acuífero 23. Dicho mapa no toma la referencia de la cota en metros sobre nivel del mar (msnm)del nivel freático del Acuífero, sino su profundidad desde la superficie.

Cabe señalar la dificultad a la hora de contornear el acuífero, ya que es una masa de agua dinámica en la que influyen dos factores principalmente: la altura del nivel freático y los materiales geológicos que le sirven de continente, los cuales pueden ser impermeables como en el caso de los Montes de Toledo o por el contrario ser permeables y tener una muy difusa línea de delimitación. Asimismo, se han tomado varios mapas de delimitación del acuífero para realizarlo, tomar constancia de sus dimensiones y determinar cuál de ellos se ajusta más realmente al terreno.

4. RESULTADOS.

Tal como se aprecia, los resultados definen con un alto grado de exactitud el Acuífero 23, tanto en su descripción hidrogeológica como en su descripción del recurso energético solar. En las que se puede vislumbrar las zonas donde el agua está más cercano a la superficie y dónde es posible encontrar los mayores potenciales de recurso energético solar.

5. CONCLUSIONES.

Con el presente artículo se puede apreciar cómo un estudio pormenorizado permite conocer de una manera más real el territorio y permite la aplicación de nuevas tecnologías energéticas de una manera más óptima.

De acuerdo con los objetivos del estudio, el análisis se centra en el análisis de los recursos existentes hídricos y energéticos en la zona del Acuífero 23 en La Mancha. Para, posteriormente valorar un cambio de modelo energético en el sector en un trabajo futuro.

Así pues, se muestra que los Sistemas de Información Geográficos aplicados a la agricultura es un campo que, aunque lleva años de desarrollo, aún queda mucho camino por recorrer.

6. REFERENCIAS

BASILDO MARTÍN, R. M. & LÓPEZ NIEVA, P. (1998). *Aproximación bibliográfica a los Sistemas de Información Geográfica aplicados a la Ordenación del Territorio y los Recursos Naturales.* Revistas Científicas Complutenses. Anales de Geografía de la Universidad Complutense nº 18: 319-335.

BENGOETXEA, C.& REBOLLO, F. (2006 Mayo). *Energía Renovable y Desarrollo Sostenible.* Revista DYNA Vol. LXXXI-4: 41-44.

BERNAOBERRUGUETE, A. (2002). El Sector Agrario de Tomelloso.Tomelloso España. Ediciones Soubriet. I.S.B.N.:84-95410-15-X

CRUCES DE ABIA, J.; CASADO, M.; LLAMAS MADURGA, M.R.; HERA PORTILLO, A.; MARTÍNEZ CORTINA, L. (1997). *El Desarrollo sostenible de la cuenca Alta del río Guadiana: Aspectos hidrológicos.* Revista de Obras Públicas nº 3362. pp. 7-18.

CRUCES DE ABIA, J.; HERNÁNDEZ, J.M.; LÓPEZ SANZ, G; y ROSELL, J. (1998). *De la noria a la bomba: conflictos sociales y ambientales en la cuenca alta del río Guadiana*. Colección Nueva Cultura.

GARCÍA RODRÍGUEZ, M. & LLAMAS MADURGA, M. (1996). *Características geológicas del borde Suroccidental de la Unidad Hidrogeológica 04.04 y su influencia sobre la hidrogeología de Las Tablas de Daimiel.* Dept. de Geodinámica Fac. de CC Geológicas. Universidad Complutense de Madrid. Geogaceta 20/[6].

Instituto Geológico y Minero de España, IGME. (2004, Julio). *Evolución Piezométrica en la Unidad Hidrogeológica* 04.04. Informe número 4. Pág. 11-15.

Instituto Tecnológico Geominero de España (1989). *Descripción del acuífero de La Mancha Occidental*. Madrid.

LAMO DE ESPINOSA, J. (2009). *La crisis económica global y la crisis agraria española.* Universidad Politécnica de Madrid. Colección Mediterráneo Económico, nº. 16, págs. 47-83.

LÓPEZ SANZ, G. (1993 noviembre). *El Acuífero 23 de la Mancha Occidental y el Acuífero 24 del Campo de Montiel: Funcionamiento, Gestión, Problemática y Alternativas. Universidad de Castilla-La Mancha.* UCLM. Área de Economía Española e Internacional. Facultad de Ciencias Económicas y Empresariales (Albacete).

MEJÍAS MORENO, M. & López Gutiérrez J. & Martínez Cortina L. (2012). Características hidrogeológicas y evolución piezométrica de la Mancha Occidental. Influencia del periodo húmedo 2009-2011. Instituto Geológico y Minero de España. Madrid.

NAREDO, J.M. & CAMPOS, P. (1980). *Los balances energéticos de la agricultura española.* España. Ministerio de Agricultura, Pesca y Alimentación de España.

PÉREZ GONZÁLEZ, M.E.; SANZ DONAIRE, J.J. (1998). *Clima y microclima de La Mancha Húmeda. Revistas Científicas Complutenses.* Anales de Geografía de la Universidad Complutense, nº 8: 239-256.

SÁNCHEZ-LOZANO J. M; GARCÍA-CASCALES M. S.& Cavas-Martínez F. & LAMATA M.T. (2012, Julio). *Base de datos mediante SIG para la búsqueda de ubicaciones óptimas de instalaciones de energías renovables.* XVI Congreso Internacional de Ingeniería de Proyectos, Valencia.

ANÁLISIS DEL SECTOR DEL VINOY DE LAS INNOVACIONES EN LAS BODEGAS Y COOPERATIVAS DE CASTILLA-LA MANCHA.

ROBERTO NIETO-VILLEGAS
RODOLFO BERNABÉU
ADRIÁN RABADÁN

Escuela Técnica Superior de Ingeniería Agronómica y de Montes y Biotecnología, Universidad de Castilla-La Mancha.

1. INTRODUCCIÓN.

El sector vitivinícola es uno de los más importantes en la agricultura nacional y regional, no solo por el valor económico, sino también por la población que ocupa y por el papel que desempeña en la conservación del medioambiente. Analizando los datos por comunidades autónomas, se observa como Castilla-La Mancha es la principal región productora de vino, acumulando el 58,6% del total la producción nacional (MAPA, 2021a). Además, ha supuesto en la vendimia-2020 tanto en vino como en mosto el 56,8% de la producción vitivinícola nacional (MAPA, 2021b). Sin embargo, esa posición relevante en la producción de vino no se traslada en una elevada rentabilidad o poder de mercado de las bodegas y cooperativas de la región en el mercado nacional.

Para que las empresas sean competitivas en entornos de elevada competencia, es necesario que sean conscientes de la importancia de desarrollar procesos de innovación para mejorar su rentabilidad y obtener ventajas competitivas (Triguero et al., 2018). Las actividades de innovación se definen como un conjunto de actuaciones científicas, tecnológicas, organizativas, financieras y comerciales que conducen a la introducción de innovaciones. Atendiendo al Manual de Oslo (OCDE, 2005), las innovaciones que una empresa puede implementar pueden ser de dos tipos: innovaciones tecnológicas e innovaciones no tecnológicas. Las primeras hacen referencia a objetivos técnicos, como el desarrollo de nuevos productos o procesos productivos, y las segundas, de implantar en las empresas nuevos métodos organizativos o de comercialización.

En España hay registradas unas 3.569 empresas activas relacionadas con las bodegas y cooperativas del sector vitivinícola según el Sistema de Análisis de Balances Ibéricos (SABI) a fecha de actualización de datos el 2 de junio de 2021.

En todas las comunidades autónomas hay empresas activas relacionadas con el sector vitivinícola, excepto la ciudad autónoma de Ceuta. La comunidad autónoma con más empresas activas de este sector en el territorio nacional es Castilla y León con unas 606 empresas. Esta cantidad representa el 16,98% del número total de empresas activas del sector vitivinícola en España.

Cataluña es la segunda comunidad autónoma en España con más empresas activas del sector con unas 548 empresas, representando esta cantidad el 15,35% del número total de empresas activas del sector vitivinícola en España.

En tercera posición se encuentra Castilla-La Mancha con un total de unas 388 empresas, representando esta cantidad el 10,87% del número total de empresas activas del sector vitivinícola en España.

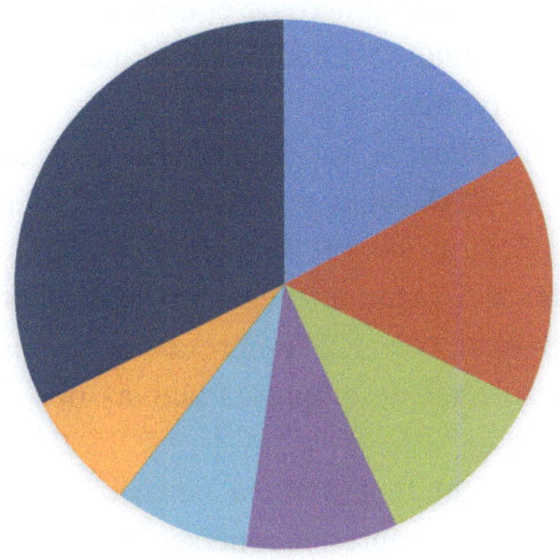

Figura 1. Distribución del número de empresas relacionadas con el sector vitivinícola por Comunidad Autónoma en España (2021). Fuente: SABI (2021). Elaboración propia.

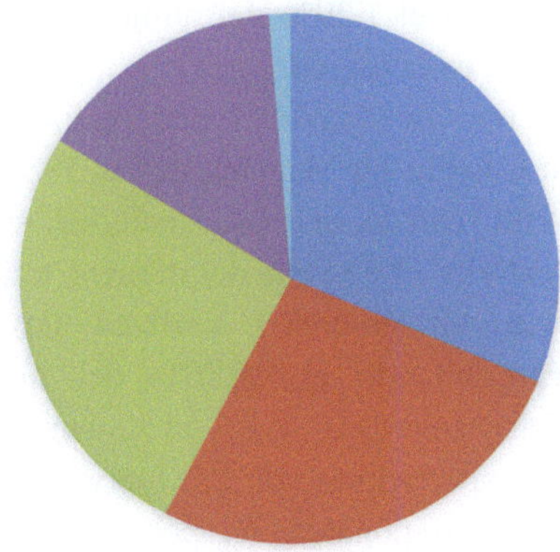

Figura 2. Distribución del número de empresas relacionadas con el sector vitivinícola por provincia en Castilla-La Mancha (2021). Fuente: SABI (2021). Elaboración propia.

En Castilla-La Mancha hay registradas unas 388 empresas activas relacionadas con la producción y elaboración de vino según el SABI a fecha de actualización de datos el 2 de junio de 2021.

La provincia castellanomanchega con más empresas activas de este sector es Ciudad Real con 122 empresas. Esta cantidad representa el 31,44% del número total de empresas activas del sector vitivinícola en Castilla-La Mancha.

Toledo es la segunda provincia con más empresas activas en el sector contando con 102 empresas, representando esta cantidad el 26,29% del número total de empresas activas del sector vitivinícola en la región. Albacete se encuentra en tercera posición con unas 101 empresas. Esta cifra representa el 26,03% del número total de empresas activas del sector vitivinícola en la región. Cuenca es la cuarta provincia con unas 58 empresas. Este dato representa el 14,95% del número total de empresas activas del sector vitivinícola en la región. Y, por último, Guadalajara es la provincia con menor número de empresas, contando con 5 empresas. Este dato representa el 1,29% del número total de empresas activas del sector vitivinícola en la región.

Según el tipo de actividad que realizan las empresas del sector vitivinícola en Castilla-La Mancha, de las 388 empresas activas que hay, 256 empresas no realizan actividad exterior, suponiendo estas empresas sin actividad exterior el 65,98% del número total de empresas regionales. Por otra parte, 98 empresas realizan únicamente exportación de productos, representando el 25,26% del número total de empresas regionales. Las empresas que al mismo tiempo se denominan importadoras y exportadoras son 25, representando el 6,44% del número total de empresas regionales. Y, por último, existen 9 empresas que realizan únicamente importación de productos, representando el 2,32% del número total de empresas regionales.

El número de empleados en las empresas del sector vitivinícola de la región es de 11 trabajadores, siendo este el mismo dato que para el conjunto de España. Además, el número máximo de empleados registrados es de 220 trabajadores, siendo uno el número mínimo de trabajadores (SABI, 2021).

Respecto a su tamaño, 185 empresas del sector del vino en Castilla-La Mancha se consideran microempresas, contando como máximo 10 trabajadores. Esta cantidad de empresas representa el 71,7% del número total de empresas de la región con datos disponibles, siendo la mayoría de las empresas operando en el sector microempresas. Por otro lado, 64 empresas se consideran pequeñas empresas de hasta 50 trabajadores, representando el 24,8% del número total de empresas de la región con datos disponibles. Se consideran medianas las empresas hasta 250 trabajadores. En Castilla-La Mancha existen 9 empresas medianas y representan el 3,5% del total de empresas de la región con datos disponibles. Al contrario de lo que pasaba en España, en Castilla-La Mancha no existen empresas grandes con más de 250 trabajadores en este sector.

Los ingresos de explotación de las empresas del sector vitivinícola en España suponen una media de 2.690 millones de euros en el último año disponible. La empresa activa española con mayores ingresos de explotación es J CARCÍA CARRIÓN, SA de Jumilla (Murcia) con 837.913 millones de euros. Sin embargo, hay varias empresas que no tienen ingresos, siendo de 0 euros. Cabe destacar que en España hay unas 316 empresas activas cuyos ingresos de explotación no están disponibles (SABI, 2021).

El total del activo medio de las empresas del sector vitivinícola en España es de 5.120 millones de euros, contando con una desviación típica muy elevada de 23.273 millones de euros. La empresa activa española con mayor total activo es J GARCÍA CARRIÓN, SA de Jumilla (Murcia) con 896.594 millones de euros.

Los ingresos de explotación de las empresas del sector vitivinícola en Castilla-La Mancha suponen una un total de 3.918 millones de euros en el último año disponible. Esta cifra supone un 45,65% más de ingresos que la media de explotación nacional en el sector. La empresa activa castellanomanchega con mayores ingresos de explotación es FELIX SOLIS SOCIEDAD LIMITADA de Valdepeñas (Ciudad Real) con

151.561 millones de euros. Al igual que en España, en Castilla-La Mancha hay varias empresas que no tienen ingresos (SABI, 2021).

El activo total medio de las empresas del sector vitivinícola en Castilla-La Mancha es de 5.056 millones de euros, contando con una desviación típica de unos 13.467 millones de euros. La empresa activa castellanomanchega con mayor total activo es FELIX SOLIS SOCIEDAD LIMITADA de Valdepeñas (Ciudad Real) con 146.911 millones de euros.

2. OBJETIVOS.

El objetivo de este trabajo es analizar la situación de las empresas vitivinícolas en Castilla-La Mancha, evaluando los tipos de innovación que realizan las bodegas y cooperativas de la región, así como su implicación actual en estrategias de innovación.

3. MATERIALES Y MÉTODOS.

Los datos necesarios para realizar este informe se han obtenido de una encuesta a bodegas y cooperativas de Castilla-La Mancha sobre su participación en los procesos de investigación. En este caso, se elaboró un cuestionario en papel, que para garantizar una mayor tasa de respuesta se pasó a las empresas de forma telefónica.

En total, se han realizado unas 208 encuestas a diferentes bodegas y cooperativas de Castilla-La Mancha, con una muestra muy representativa del número total de estas empresas que existen en la región. Concretamente, según el Sistema de Análisis de Balances Ibéricos (SABI), del total de las 395 empresas que aparecen operando en el sector del vino en la región, se obtuvieron datos del 52,7% de ellas.

Esta labor la desarrolló una empresa de investigación de mercados con experiencia en investigaciones de esta naturaleza.

4. RESULTADOS Y DISCUSIÓN.

Entre los diferentes tipos de innovación que realizan las bodegas y cooperativas de Castilla-La Mancha, la mayor innovación que afirmaron realizar las empresas es la innovación en procesos de producción con un 58%, seguido de la innovación en procesos de valoración de residuos o subproductos con el 50,7%. Sin embargo, los tipos de innovación que en menor media realizan las bodegas y cooperativas de la región son la innovación en procesos de distribución, así como la innovación en envases, con un 67,6% y un 60,4% respectivamente. Por lo tanto, según los tipos de innovación que realizan las empresas, la implicación de bodegas y cooperativas de Castilla-La Mancha es bastante limitada y está centrada, fundamentalmente, en la innovación de proceso y la gestión de residuos.

En cuanto a la innovación de productos, uno de los productos que destaca en el sector vitivinícola es el vino ecológico, ya que es considerado un producto innovador que puede dinamizar la comercialización de la producción regional. Respecto a la producción de vino ecológico, el 57% de las bodegas y cooperativas de Castilla-La Mancha manifiesta que no produce vino ecológico, mientras que un 43% de ellas afirma que ya produce este tipo de producto innovador, que generalmente es de mayor precio y valor añadido para la empresa y para los productores.

Los datos de participación en procesos de innovación de las bodegas y cooperativas de la región son discretos y muy dependientes del tipo de innovación concreta que se esté analizando. Es por tanto fundamental analizar las razones que hacen que estas empresas regionales no se involucren de una forma más intensa en procesos de innovación. En la Figura 3 se observan las razones a las que aluden las bodegas y cooperativas de Castilla-La Mancha para no desarrollar o participar de forma más intensa en actividades innovadoras.

Entre las razones a las cuales las bodegas y cooperativas de la región aluden para no desarrollar más activamente iniciativas innovadoras, destaca la falta de incentivos fiscales o subvenciones del sector público, seguido de la escasez de fondos financieros propios y la incertidumbre existente en el mercado frente a la demanda de innovaciones. A pesar de ello, las empresas sí creen que la innovación es una ventaja para competir en el mercado.

Una de las maneras menos costosas de desarrollar o integrar innovaciones a nivel empresarial es por medio de la cooperación con otros agentes. La participación en estas redes de colaboración para muchas empresas de pequeño tamaño del sector es básicamente la única forma de desarrollar o implantar innovaciones. Por ello, se preguntó a cada una de las bodegas y cooperativas de la región si habían colaborado con diferentes tipos de agentes para mejorar su producto o su proceso productivo.

De esta forma, los resultados muestran que más de la mitad de las bodegas y cooperativas de Castilla-La Mancha colaboran con proveedores con el 61,4%, seguido de la colaboración con los clientes con el 58,9%.

Los niveles de cooperación con competidores, universidades y consultoras son mucho más escasos con el 27,1%, 22,2% y el 25,6%, respectivamente.

El resultado final de la innovación es mejorar la situación competitiva de la empresa en el mercado. Para valorar la situación de la bodegas y cooperativas en el mercado y sus expectativas de crecimiento próximas, se preguntó a las mismas sobre su rendimiento en el mercado en los últimos tres años, solicitando una valoración de 1 a 7 a diferentes aspectos (Figura 4).

En todos los casos la valoración de las empresas fue superior a 4,75 puntos, por encima de valores medios. La valoración más baja de las empresas la recibe la Reducción de Costes con 4,86 puntos. En cambio, las valoraciones con las puntuaciones más positivas son el Crecimiento de Ventas con 5,19 puntos y la Rentabilidad de la empresa con 5,10 puntos. Además, las expectativas de rendimiento futuras, en los próximos tres años son también positivas con una puntuación de 5,23 puntos.

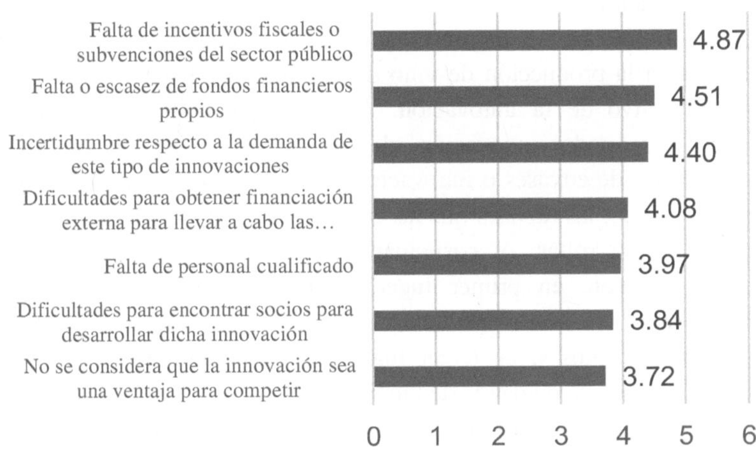

Figura 3. Valoración de obstáculos a la innovación que identifican las bodegas y cooperativas de Castilla-La Mancha.Escala de 1 a 7, siendo 1 poco importante y 7 muy importante.

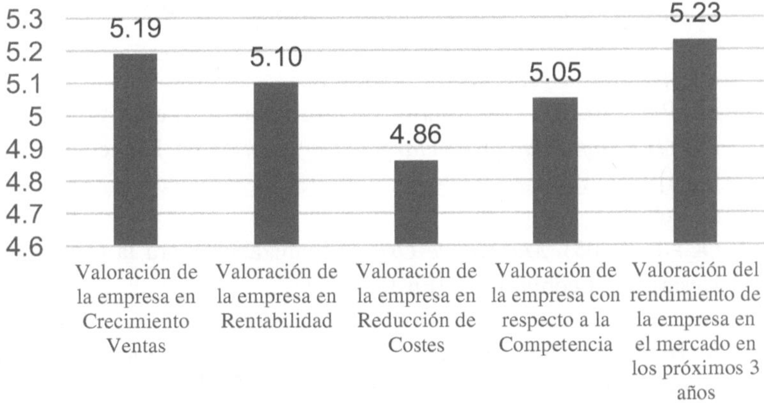

Figura 4. Valoración de rendimiento en el mercado de las bodegas y cooperativas de Castilla-La Mancha. Escala de 1 a 7, basada en la opinión del gerente de la empresa, siendo 1 muy negativa y 7 muy positiva.

5. CONCLUSIONES

En cuanto a la innovación que actualmente está desarrollando el sector vitivinícola, se ha observado que las bodegas y cooperativas dedicadas a la producción de vino de Castilla-La Mancha hacen un uso poco intensivo de la innovación. Aquellas que realizan innovaciones hacen sobre todo innovación de producto, y en menor medida innovaciones de envases o innovaciones en sus procesos de distribución. En este sentido, las razones que las empresas castellanomanchegas aluden para no desarrollar o participar más activamente en iniciativas innovadoras son, en primer lugar, la falta de incentivos fiscales o subvenciones al sector público, seguida de la escasez de fondos financieros propios y, en tercer lugar, la incertidumbre existente en el mercado frente a la demanda de innovaciones.

Por lo tanto, la creación de redes de cooperación entre las bodegas y cooperativas dedicadas a la producción de vino de Castilla-La Mancha con diferentes agentes aparece como una estrategia clave a fomentar.

6. REFERENCIAS.

MAPA (2021a). Ministerio de Agricultura, Pesca y Alimentación. *Anuario de Estadística. Avance 2021.* [En línea] https://www.mapa.gob.es/es/estadistica/temas/publicaciones/anuario-de-estadistica/default.aspx

MAPA (2021b). Ministerio de Agricultura, Pesca y Alimentación. *INFOVI. Información declaraciones ampliadas.* Noviembre 2021. [En línea]https://www.mapa.gob.es/es/agricultura/temas/producciones-agricolas/vitivinicultura/

OCDE (2005). *Manual de Oslo.* Organización para la Cooperación y el Desarrollo Económicos. [En línea] https://read.oecd-ilibrary.org/science-and-technology/manual-de-oslo_9789264065659-es#page1

SABI (2021). *Sistema de Análisis de Balances Ibéricos.* A fecha de actualización de datos el 2 de junio de 2021.

TRIGUERO, A.; FERNÁNDEZ, S.; SÁEZ-MARTÍNEZ, F.J. (2018). *Inbound open innovative strategies and eco-innovation in the Spanish food and beverage industry.* SustainableProduction and Consumption, 15, 49–64.

REGIÓN LEONESA Y MOVIMIENTO LEONESISTA: APUNTES HISTÓRICOS, TERRITORIALES, SOCIALES Y ECONÓMICOS

RAÚL BARRIENTOS ANTÓN
JOSÉ VICENTE ÁLVAREZ DE LA CRUZ

Departamento de Geografía y Geología, Universidad de León
Departamento de Geografía e Historia, IES Eras de Renueva

La Región Leonesa es una región histórica ya definida en la división territorial de Javier de Burgos en 1833 compuesta por las provincias de León, Zamora y Salamanca. Los orígenes se remontan a la edad media y al antiguo reino de León, uno de los más importantes durante la época de la reconquista. En la actualidad se integra en una comunidad autónoma birregional en la que ha perdido peso cultural y económico. De este modo, ha surgido con fuerza el leonesismo, un movimiento que busca la autonomía de la región para su desarrollo mediante el autogobierno. El leonesismo y el mancheguismo comparten ciertos paralelismos como el desarrollo pre-democrático, la invisibilización de su cultura y su identidad histórica a favor de la identidad castellana y además la pérdida de importancia económica, social y demográfica de sus territorios.

1. ORIGEN HISTÓRICO DE LA REGIÓN LEONESA:

Antes de conformarse como Región Leonesa, territorio histórico vigente en la división de 1833 de Javier de Burgos, las actuales provincias de León, Zamora y Salamanca (además de otros que fueron sufriendo variaciones) conformaron el Reino de León, uno de los más poderosos en la península medieval.

El reino de León tiene sus orígenes en la segregación del primitivo Reino de Asturias cuando tras la muerte de Alfonso III el Magno, este repartió sus territorios entre sus tres hijos: García I recibe León, fundando el reino de León, Ordoño II recibe Galicia y Fruela II obtiene Asturias. Poco a poco, por necesidades territoriales lógicas de la reconquista, la ciudad de León ganó importancia y Ordoño II estableció aquí definitivamente la capital uniendo los territorios de su padre bajo una sola primacía.

Otros hechos reseñables del Reino de León fue la hegemonía territorial en la península durante el siglo XI, con la expansión hacia el sur del Duero, el Sistema Central, la actual Extremadura e incluso hasta territorios que hoy corresponden a la provincia de Huelva. Alfonso VI llegó a coronarse como “Imperator totius Hispaniae” en 1135 al contar con el vasallaje de los reyes de Aragón, Navarra y Portugal, el conde de Barcelona y varios monarcas musulmanes.

Los avances sociales y en derechos humanos que se dieron en el Reino de León fueron de tal envergadura que en varias ocasiones hizo que el propio Vaticano boicotearan a los reyes de León (Aparicio, 2014). Entre estos avances destacan el Fuero de León de 1017 donde se considera a la mujer de manera independiente a los hombres en temas de propiedad de bienes y herencias y las Cortes de León de 1188, en las que por primera vez Alfonso IX convoca a los ciudadanos en representación de las ciudades del reino, acto que se considera como el testimonio documental más antiguo del sistema parlamentario europeo (Figura 1).

El problema surge con la evolución de status de las tierras de Castilla, de Condado a Reino y a Corona y posteriormente, en 1230, con la muerte de Alfonso IX, con la unificación del trono. Es un problema derivado de la confusión, ya que la inclusión de León en la Corona de

Castilla no significa que desapareciera, pues seguía conservando sus órganos de administración y gobierno y sus rasgos culturales diferenciados. Pero, en definitiva, la historia del Reino de León se basa en constantes enfrentamientos, primero con los musulmanes, después con Portugal y por ultimo con Castilla. Tal vez esta controvertida historia y las dificultades para asentarse se hayan trasladado a la actualidad y sea la causa de nuestro incomprensible estatus, quién sabe.

Figura 1. *Reconocimiento de la ciudad de León como Cuna del Parlamentarismo*. Fuente: Universidad de León, 2020.

Figura 2. *Romería con pendones en Castrofuerte (León).* Fuente: imagen propia (octubre 2022).

1. EL MARCO TERRITORIAL ACTUAL: POLÉMICO CUMLIMIENTO DEL ORDENAMIENTO JURÍDICO

En 1978 se producen los acontecimientos más determinantes para la Región Leonesa en la actualidad ya que se forma el Consejo General de Castilla y León, la entidad preautonómica que precedería al Estatuto de Autonomía de Castilla y León de 1983. A diferencia de otros territorios, no se llevó a cabo ningún referéndum sobre la iniciativa del proceso autonómico, como si se hizo, por ejemplo, en Andalucía.

El rechazo de la formación de la actual Comunidad Autónoma era palpable en la Región Leonesa, pero también en otros territorios como en Segovia, cuya diputación inició en 1981 los procesos pertinentes para constituirse como comunidad autónoma uniprovincial tras el voto favorable de 179 de sus 210 municipios.

Ahondando en el caso que nos ocupa, el de la Región Leonesa, debemos aclarar que la provincia de León acaparó el proceso regionalista con una controvertida historia. Los dirigentes políticos y los propios partidos políticos del momento (UCD, PSOE y AP) ni siquiera sabían cómo posicionarse en un principio, aunque poco a poco se fue vislumbrando su posicionamiento favorable sobre la autonomía uniprovincial. El año 1979 es clave para el devenir de León por dos aspectos; por una parte, la Diputación inicia una consulta a los ayuntamientos, de los cuales el 50,7% consideraba que León debía ser autonomía, y por otra, la constitución de Cataluña y País Vasco como comunidades autónomas (Villascusa, 2020).

Esto supuso que unos de los políticos con más influencia en la etapa final del franquismo y por lo tanto en la nueva etapa "democrática" se posicionase en contra de la autonomía leonesa para hacer frente a los movimientos periféricos. No era otro que Rodolfo Martín Villa, que paradójicamente era natural de Santa María del Páramo (León) y comenzó a presionar a las fuerzas políticas para aceptarse el marco autonómico de León y Castilla (Díez, 2022).

En 1983 se presentó el proyecto de Ley Orgánica 4/1983 del Estatuto de Autonomía de Castilla y León, pero la Diputación de León rechazó esta unión y rápidamente inicio un nuevo proceso para frenar la autonomía birregional. Los votos a favor de la autonomía uniprovincial fueron 22 (UCD y AP) contra 4 (PCE y PSOE) pero ya era demasiado tarde por que las razones de estado primaban y proceso autonómico leones y castellano siguió adelante. El resto de la historia ya la conocemos, 35 años de abandono institucional que han llevado a León y a la Región Leonesa al borde del colapso económico, social y demográfico (Prieto, 2020).

2. RASGOS CULTURALES DE LA REGIÓN LEONESA: UNA IDENTIDAD EN PELIGRO DE EXTINCIÓN

La cultura leonesa es especial y diferenciada, mezcla de la historia de estos territorios y su ubicación estratégica como tierra de cruce de caminos que ha dejado un legado muy variado del que vamos a resaltar lo más interesante.

En primer lugar, se encuentra la lengua; el "llionés", que es un conjunto de hablas romances vernáculas de la lengua asturleonesa que debería estar protegida y promocionada según el artículo 5 del estatuto de autonomía, sobre la lengua castellana y el resto del patrimonio lingüístico, que una vez más se incumple; "El leonés será objeto de protección específica por parte de las instituciones por su particular valor dentro del patrimonio lingüístico de la Comunidad. Su protección, uso y promoción serán objeto de regulación".

Como es imaginable, nunca se ha cumplido este artículo y cada vez que se intenta hacer cumplir el rechazo es frontal y más cuando se trata de introducir el leonés en la escuela, como se ha hecho, correctamente, con el gallego en El Bierzo, que paradójicamente cuenta con más protección, y con el euskera en el Condado de Treviño. Aun así, aún perduran vestigios del leonés en las zonas de montaña de León y en El Bierzo, en las comarcas zamoranas de Sanabria, Aliste y Sayago e incluso en Portugal, donde el mirandés, que es uno de los dialectos del asturleonés, cuanta con un estatus de cooficialidad en toda la provincia portuguesa de Trás-os-Montes e Alto Douro en virtud de la Ley n.º 7/99, de 29 de enero de 1999 de la República Portuguesa.

Otro de los aspectos más importantes de la cultura leonesa es la capacidad para heredar los concejos medievales, actualmente conocidos como concejos abiertos, que son asambleas de los vecinos que deciden sobre los asuntos más cercanos, el aprovechamiento de recursos como la leña, los pastos y los regadíos. Es decir, los vecinos del pueblo gestionan los bienes del pueblo. "Lo que ye del común nun ye de ningún" dice un refrán de la Montaña. El concejo es una expresión de democracia pura y de propiedad comunal y forman parte del funcionamiento de las Juntas Vecinales, que son las entidades de ámbito territorial inferiores al municipio y/o ayuntamiento.

Uno de los rasgos culturales más conocidos son los pendones leoneses (Figura 2), también conocidos como pendones concejiles leoneses, en referencia a los concejos abiertos, y es que cada junta vecinal poseía un pendón que le representaba en los diversos actos culturales. Según el Instituto Leonés de Cultura (ILC) el pendón tradicional está compuesto de una vara en la que se introduce una tela adamascada de varias franjas de color unidas por la pasamanería. Son una expresión de la identidad de un pueblo y un elemento propio de una colectividad que adquiere una conciencia como grupo y que a su vez la identifica frente a los demás. Desde el 3 de mayo de 2019 los pendones tradicionales leoneses son declarados como Bien de Interés Cultural de carácter inmaterial.

3. EVOLUCIÓN SOCIOECONÓMICA: DATOS BREVES PERO CONCISOS

El leonesismo no es un movimiento que se apoya únicamente en razones históricas y/o culturales, sino que también tiene razones y argumentos demográficos y económicos de peso que objetivamente legitiman nuestra reivindicación de conformar nuestra propia autonomía para Como se puede ver en la Tabla 1 el conjunto de las tres provincias ha perdido más de 165.000 habitantes desde la creación de la CC. AA., destacando el caso de León, con una mayor pérdida absoluta (casi 75.000) y el caso de Zamora, con una pérdida de población relativa que ronda el 26%.

Es sabido que de manera genérica el interior de nuestro país pierde población a un ritmo muy alto por la falta de una organización territorial efectiva que permita crear polos de desarrollo en las comarcas rurales y por la falta de servicios. Pero, aun así, se observan grandes diferencias entre la evolución de la Región Leones y la de Castilla desde la creación de este ente autonómico. poder así llevar a cabo una autogestión de nuestros recursos.

La Región Leonesa ha sufrido un descenso de población más acusado con respecto a las provincias castellanas (Figura 3) y dicha tendencia causa que cada vez ambas líneas estén más distantes. Mientras en 1983 las tres provincias leonesas congregaban al 43,17% de la población de la comunidad, en 2022 este dato ha bajado hasta el 39,83%. Es decir, mientras la Región Leonesa ha perdido 171.628, las provincias castellanas han perdido 42.050, fruto de unas políticas equivocadas y centralistas.

Pero no solo son los datos demográficos los que refuerzan la ideología leonesista, sino que también hay una serie de políticas y acontecimientos que hacen dudar de la imparcialidad de la administración autonómica. Destacamos brevemente algunos de los últimos proyectos que no han podido salir adelante o se encuentran en situaciones de desamparo por el dudoso compromiso de la Junta (Figura 4).

En definitiva, la evolución social y económica de las provincias leonesas ha sido la más negativa, por lo que el movimiento leonesista reclama la capacidad para autogestionar sus propios recursos e intereses y por lo tanto, poseer un autogobierno que sea capaz de revertir la situación.

	León	Zamora	Salamanca	Región Leonesa
1983	526.439	226.237	365.512	1.118.188
2022	452.187	167.904	326.469	946.560
Var.	- 74.252	- 58.333	- 39.043	- 171.628
Var. %	-14,10	-25,78	-10,68	-15,35

Tabla 1. *Evolución demográfica de las provincias de la Región Leonesa (1983-2022).* Fuente: elaboración propia a partir de datos de INE.

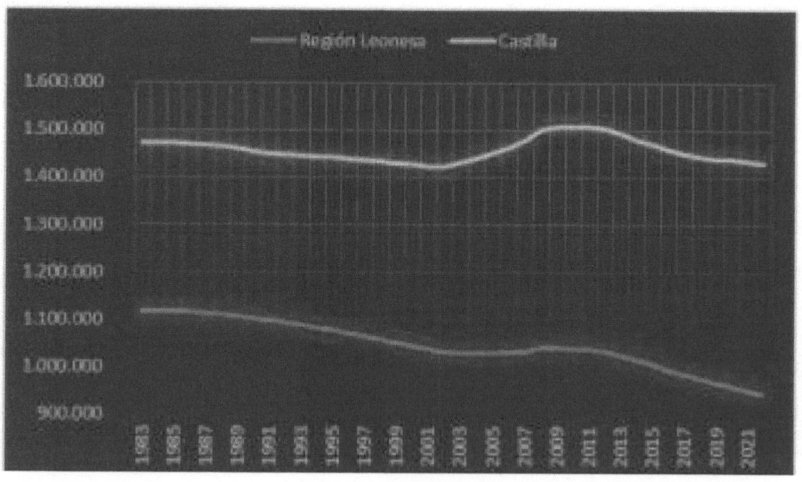

Figura 3. *Evolución de la población de la Región Leonesa y de Castilla (1983-2022).* Fuente: elaboración propia a partir de datos de INE.

EL PAÍS — Economía

CASTILLA Y LEÓN

Un juzgado cita a testificar a Igea y al exdirector de Industria de Castilla y León por el presunto boicoteo a una biorrefinería en Zamora

Los impulsores del proyecto denuncian injerencias del Gobierno autonómico contra inversores interesados en esta productora energética

PP y Vox frenan en las Cortes el proyecto del parque agroalimentario del Bierzo

El Bierzo Digital · 29 de septiembre de 2022

Javier Campos lamentó la negativa de los socios de gobierno de la Junta cuando "lo único que se pedía era realizar los estudios necesarios"

ileón — ElDiario.es

La Junta reparte su apoyo entre Palencia, Cebreros y León para acoger la Agencia Espacial Española

El Gobierno autonómico se desdice de la apuesta única por la candidatura leonesa que había mostrado hasta hace un mes

Diario de León

ANTIBIÓTICOS, OVEJERO Y LOS INSTITUTOS DE INVESTIGACIÓN DE LA UNIVERSIDAD, ENTRE LA LISTA DADA A CONOCER POR UPL

La Junta persuade a 19 empresas de León a trasladar su sede a Valladolid

El procurador de la Unión del Pueblo Leonés, Joaquín Otero, dio a conocer ayer el listado de empresas leonesas a las que la Junta de

Figura 4. *Proyectos de desarrollo económico fallidos en la Región Leonesa.* Fuente: El País, InfoBierzo, iLeón y Diario de León.

4. LEONESISMO: TRAYECTORIA DE UPL Y PERSPECTIVAS DE FUTURO

El leonesismo es, por lo tanto, un sentimiento territorial a la vez que un movimiento trasversal de carácter cultural, social y político que aglutina personas y organismos de diversa índole. Este sentimiento se plasma en las encuestas de Electomanía, que por ejemplo publica un análisis del sentimiento identitario autonómico por provincias (Figura 3) en el que el sentimiento de las provincias leonesas hacia la CC. AA. actual es de:

- León: 0,9/10
- Zamora: 2,5/10
- Salamanca: 4,4/10

En conjunto se obtiene una media de 2,6/10, lo que representa un rechazo absoluto hacia el ente autonómico. Para que se hagan realidad estas reivindicaciones es necesaria la canalización política, que en la actualidad está representada por el partido denominado Unión del Pueblo Leonés (UPL). Antes de la fundación de UPL existieron dos formaciones políticas que inauguraron la presencia del Leonesismo en el ámbito político.

G.A.L.: El Grupo Autonómico Leonés fue la primera asociación de carácter leonesista.• Fueron dos militantes comunistas, contrarios a la postura del PCE a favor de una autonomía formada por Castilla y León, los que propugnaron en el verano de 1977 la constitución de la misma. Pese a estar conformada la asociación el 15 de octubre de 1977, las dificultades legales impidieron su formalización en el registro de asociaciones hasta diciembre de 1980. Como meta fundamental tenía la constitución de una comunidad autónoma de la Región Leonesa en la que estarían incluidas. La formación redactó un proyecto de Estatuto de Autonomía para la Región Leonesa que tenía un carácter decididamente comarcalista, como forma de descentralizar el territorio.

PREPAL: Su año de fundación fue 1980 y la reunión fundacional se realizó en Toro. Francisco Iglesias Carreño, profesor de Física en el Instituto Claudio Moyano de Zamora, fue su primer Secretario General y posteriormente Presidente del PREPAL. Ha concurrido a todos los procesos electorales con resultados que tuvieron su punto máximo en las autonómicas de 1983, cuando se presentó en la coalición Bloque Agrario Ruralista, para después devenir en resultados cada vez más descendentes y en la actualidad es una fuerza residual.

UPL se fundó en 1986 bajo el nombre de Unión Leonesista (UNLE) por personas que provenían de la gran mayoría de los partidos del espectro político, pero a los que les unía las preocupaciones e inquietudes leonesistas. Poco a poco el partido fue evolucionando y obteniendo mayor representación tanto en los ayuntamientos como en las Cortes hasta lograr los mejores resultados a comienzos del siglo XXI.

Es en este momento cuando en el partido se dan una serie de acontecimientos desafortunados, que tienen como protagonistas a algunos de sus altos cargos y que desembocan en un periodo de inestabilidad y pérdida de fuerza político-social. A pesar de todo esto y como UPL defendía unas ideas totalmente legitimadas el partido se fue recomponiendo poco a poco y recuperando la confianza de la ciudadanía.

En 2019 se inició un nuevo proceso a favor de la segregación de León y Castilla cuando el Ayuntamiento de León aprobó la moción presentada por UPL que reivindicaba el derecho a la constitución como comunidad autónoma de la Región Leonesa. Hasta la actualidad, dicha moción ha sido aprobada por más de 50 consistorios leoneses (que suponen más del 50% del censo), 1 zamorano y otro salmantino. La "chispa" leonesista se ha vuelto a encender, ya que en las tres provincias leonesas existe una mayoría favorable a la separación de Castilla (Figura 5), siendo mayor en la provincia de León, con un 81%, pero, aun así, en Zamora y Salamanca hay un 59% y 55,7% respectivamente.

Por último, es destacable la evolución reciente de los resultados de UPL en el ámbito autonómico (Figura 6), donde ejerce con más fuerza su actividad política. Tras el periodo de inestabilidad entre los años 2005-2015, los resultados vuelven a recuperarse en 2019, llegando al mejor de la serie histórica en 2022, cuando no se supera el máximo de 60.331 votos de 2003 pero con 52.089 se obtiene un 4,3% de los votos autonómicos y 3 procuradores, quedando cerca de poder formar un grupo parlamentario propio que finamente se pudo constituir gracias a una coalición con Soria ¡Ya!

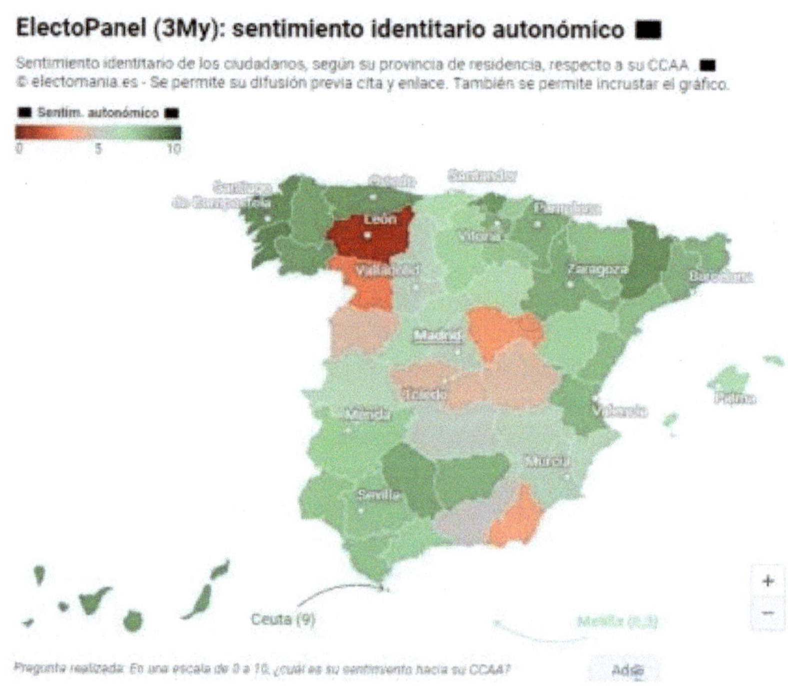

Figura 4. *Sentimiento autonómico por provincias*. Fuente: Electomanía.

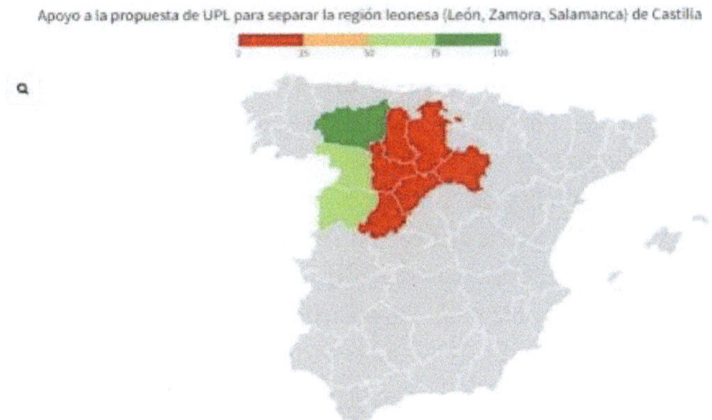

Figura 5. *Valoración por provincias de la propuesta regional de UPL.* Fuente: Electomanía.

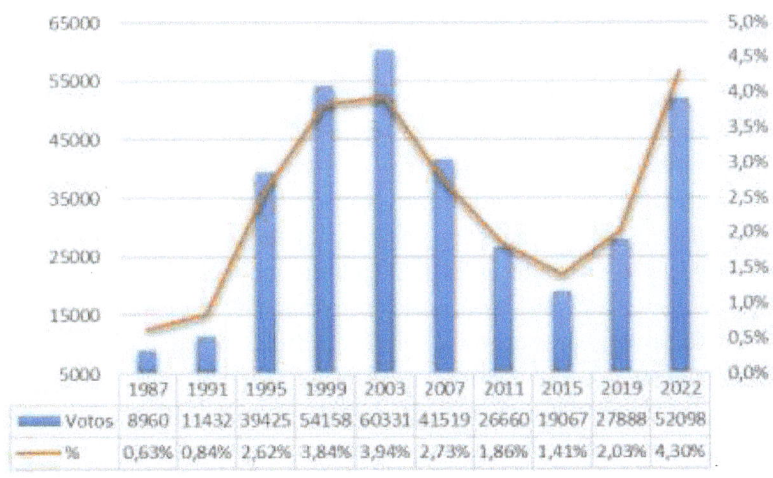

	1987	1991	1995	1999	2003	2007	2011	2015	2019	2022
Votos	8960	11432	39425	54158	60331	41519	26660	19067	27888	52098
%	0,63%	0,84%	2,62%	3,84%	3,94%	2,73%	1,86%	1,41%	2,03%	4,30%

Figura 6. *Evolución de los votos obtenidos en las últimas 4 elecciones autonómicas por UPL.* Fuente: elaboración propia a partir de datos de la Junta Electoral Central.

5. CONCLUSIONES

Se puede afirmar que el movimiento leonesista está totalmente legitimado, ya que tiene unas bases históricas que le otorgan rigurosidad además de una argumentación actual para reclamar la modificación del marco autonómico y constituirse en una comunidad autónoma triprovincial con 946.560 habitantes en 2022, lo que sería totalmente legal y constitucional, al contrario de cómo quieren hacer creer otros. A todo esto, se le puede añadir además la inclusión en esta comunidad autonomía sin ningún tipo de consulta a la sociedad leonesa, que rechazaba este marco territorial hace más de 30 años y que lo hace aún más en nuestros días.

Se puede afirmar que el movimiento leonesista está totalmente legitimado para reivindicar una comunidad autónoma propia por razones históricas, culturales, económicas, demográficas, sociales y etnográficas. Del mismo modo la Región de La Mancha comparte todos esos elementos que hacen que su reivindicación regional sea totalmente ajustada al derecho constitucional español.

Se puede observar como el movimiento leonesista y el mancheguismo vivieron un periodo histórico de desarrollo pre-democrático similar en el primer tercio del S.XX. Así mismo se observa que ambos movimientos fueron apoyados por sectores agraristas, representantes de un cierto conservadurismo con toques sociales.

Otro elemento en común entre la Región Leonesa y la Región de La Mancha es la invisibilización de su cultura y su identidad histórica a favor de la identidad castellana. Las dos regiones han visto como su gentilicio ha sido postergado, cuando no directamente eliminado de las referencias académicas y de numerosos medios de comunicación, especialmente oficiales. En cambio, se les atribuye una personalidad castellana que no sienten sus poblaciones. Las características culturales con mayor identidad leonesa o manchega (dialecto, costumbres populares, folclore, etc) son presentadas como atrasadas e inapropiadas, frente a las castellanas, consideradas como más modernas y correctas.

También se observa que, tanto en el caso de la Región Leonesa como en el de la Región de La Mancha, que la pérdida de identidad va íntimamente ligada a fuertes pérdidas de importancia económica, social y demográfica de los territorios que los componen.

La difusión de las bases del movimiento leonesista y del manchequista es imprescindible para que este pensamiento siga creciendo y fortaleciéndose para recuperar sus raíces históricas y culturales a la vez pueda que plasmarse en una comunidad autónoma propia.

6. REFERENCIAS:

APARICIO, J. P. (2014). *La cuna del parlamentarismo*. Instituto Leonés de Cultura.

DÍEZ LLAMAS, D. (7 de mayo de 2022). El proceso autonómico leonés. Unión del Pueblo Leonés. https://www.upl.es/el-proceso-autonomico-leones/

Museo de los pueblos leoneses (2020). *El pendón leonés*. Diputación de León, Instituto Leonés de Cultura.

PRIETO ARROYO, J.L. (26 de septiembre de 2020). *La ilegitimidad democrática de Castilla-León.* Diario de León.https://www.diariodeleon.es/articulo/tribunas/ilegitimidad-democratica-castilla-leon/2 02009261250362047940.html

VILLASCUSA, A. (11 de enero de 2020). *¿Por qué León se unió a Castilla? Un exministro franquista, un recurso fallido al Constitucional y un contrapeso a los nacionalistas*. El País. https://www.eldiario.es/castilla-y-leon/politica/leonesismo_1_1089254.html

COSTES OCULTOS DEL MODELO PRODUCTIVO DE LA MANCHA E IMPULSORES DEL CAMBIO

MÁXIMO FLORÍN BELTRÁN
RAFAEL UBALDO GOSÁLVEZ REY

Centro Regional de Estudios del Agua, UCLM.

1. INTRODUCCIÓN:

El territorio de La Mancha, sus áreas rurales y sus paisajes sufren una suerte de arterioesclerosis ("la asesina silenciosa") por el aumento de las superficies artificiales, la fragmentación del campo por diversas infraestructuras, el abandono de las pequeñas y medianas explotaciones y la pérdida del patrimonio agropecuario, material e inmaterial.

En paralelo, la industrialización agropecuaria esconde, detrás de una supuesta eficiencia productiva, el deterioro del estado ecológico cuantitativo y cualitativo de las masas de agua superficiales y subterráneas, y causa contaminación atmosférica, emisiones de gases de efecto invernadero, pérdida de la fertilidad del suelo, drenaje y roturación de humedales, olvido del acervo ambiental ancestral, desaparición de usos y costumbres de autogobierno colectivo y reducción de la capacidad de adaptación de los agroecosistemas tradicionales.

Este trabajo pretende, en primer lugar, arrojar luz sobre los verdaderos costes de las principales causas de la degradación ambiental del territorio de La Mancha, al tiempo que deterioran las relaciones entre áreas rurales y urbanas y determinan la pérdida de identidad territorial de la población. Además, se identifican impulsores del cambio hacia un modelo productivo más sostenible social, económica, hidrológica, ambiental y culturalmente.

2. COSTES OCULTOS:

El uso insostenible del suelo, el laboreo excesivo, el cambio de uso del suelo, el sellado de los suelos fértiles y otras acciones liberan una cantidad de CO_2 a la atmósfera muy superior a la de otros sectores productivos. De ahí que el paso de suelo considerado rural a suelo artificial es uno de los problemas ecológicos más graves a los que nos enfrentamos.

El lema hidrológico del actual modelo agropecuario de La Mancha es, literalmente, "¡Agua por un tubo!", ya de manera indisimulada, pues utilizando el Parque Nacional de las Tablas de Daimiel como rehén y balsa de infiltración, se reclama su rescate en forma de trasvases desde el acueducto Tajo-Segura a través de la llamada Tubería a la Llanura Manchega, que se concibió exclusivamente para el abastecimiento de agua potable. Se ha llegado hasta este punto porque 1) El agua ahorrada con nuevas técnicas de riego no compensa el aumento de superficie regada (Figura 1), y 2) No se tienen en cuenta los retornos de agua a las masas de agua por infiltración.

La soberanía alimentaria se ha convertido en una letanía herética, en relación con el sentido original del concepto, aunque con varias melodías:

- La producción industrial de alimentos con mayor consumo de recursos hídricos y generación de residuos es a menudo muy superior al consumo, por ejemplo, hasta 4,5 veces más en el caso de la carne de cerdo.

- Se están expandiendo cada vez más cultivos inapropiados para las condiciones comarcales de suelo y clima, que requieren tensionar el sistema con más agua, fertilizantes y fitosanitarios que los necesarios en áreas indicadas o favorecen cuantiosas pérdidas por situaciones meteorológicas ordinarias, como heladas o sequías (Figura 2).
- Son frecuentes las cosechas excedentarias con recursos hídricos deficitarios y/o graves impactos ambientales.
- El caso del viñedo de transformación: se riegan viñas en espaldera, aunque sea con técnicas de riego más "ahorradoras", para exportar alcohol, o peor, quemarlo.
-

La Política Agraria Común (PAC) de la Unión Europea, que debía servir de impulsor del cambio, no fija población, la población es cada vez más envejecida, porque los jóvenes tienen dificultades para percibir las ayudas de la PAC, y un enorme volumen de fondos van a parar a grandes inversores, y no a pequeños y medianos agricultores y ganaderos.

Esta situación se ve agravada porque los cárteles agroalimentarios imponen precios muy bajos en origen y las pequeñas y medianas explotaciones son cada vez menos rentables.

La concentración parcelaria resultante causa impactos en cascada, por ejemplo:

- Desaparecen márgenes, ribazos y espacios "perdidos", afectando a la flora y la fauna que en ellos habitan.
- El mayor rendimiento que se obtiene una vez se finaliza el proceso con frecuencia se debe a un mayor uso de productos químicos.
- Obras de drenaje: i) Los niveles freáticos descienden de forma global, por la proliferación de extracciones apenas controladas para regadío, y ii) La red de prados y humedales se altera por desecación (Bernáldez et al. 1989).
- Todo ello facilita la conversión de todo el territorio en zona cultivada: i) Los arroyos se rectifican, empotrándolos entre cultivos,

ii) Las charcas son cegadas, o se excavan a medida usando represas de tierra, iii) Se generalizan la estabulación y la producción intensiva de forraje mediante regadío y ensilado.

El sistema de laboreo de la tierra no facilita, a menudo, el mantenimiento ni la formación de suelos fértiles. Como especialistas en ingeniería agronómica expusieron en el simposio conjunto de la Sociedad Española de Ciencias Forestales y la Asociación Española de Ecología Terrestre que se celebró en Alcázar de San Juan en 2019, entre las malas prácticas que más reducen la fertilidad del suelo son 1) la sobrerroturación para evitar que aparezca cualquier planta ruderal y 2) no respetar las lindes entre campos de cultivo. Además, tienen lugar graves procesos de alteración de los flujos de agua y de pérdida de suelo.

El empleo de pesticidas actúa reduciendo la biodiversidad de organismos beneficiosos para la fertilidad del suelo y promoviendo las poblaciones de plagas agrícolas resistentes a los pesticidas, que no encuentran competencia por el deterioro del equilibrio ecológico de los suelos.

En cuanto a los fertilizantes, a los efectos de los químicos habría que añadir los de los purines, gallinazas y estiércol, cuando el interés de su valorización trasciende de las prácticas agrícolas tradicionales, porque se trata de desembarazarse de residuos de la producción industrial de carne.

A largo plazo, el empleo de fertilizantes puede aumentar el contenido en materia orgánica del suelo (pero también disminuir), nitrógeno total y disponibilidad de nutrientes para las plantas, pero también disminuye claramente la ratio C/N y el pH debido a la excesiva aplicación continuada de fertilizantes.

Y todo eso sin considerar que la agroindustria, que hace un uso intensivo de pesticidas y fertilizantes, desplaza las prácticas agrícolas que han contribuido a la formación y mantenimiento de suelos fértiles, lo que amenaza a los mismos, y que los impactos ambientales de pesticidas y fertilizantes, y los rasgos para la salud y el medio ambiente de los pesticidas incurren en la externalización de costes económicos y ambientales (Figura 3), que ponen en duda la supuesta mayor fertilidad de los suelos manejados con estas prácticas.

En este sentido, la Comisión Europea (2022) ha denunciado en los tribunales que no se ha previsto en el programa de acción de Castilla-La Mancha todas las medidas obligatorias necesarias y tampoco se han adoptado las medidas adicionales o acciones reforzadas en lo relativo a la eutrofización, en lo que se refiere a la contaminación por nitratos, a pesar de mostrar tendencia al alza en la contaminación de los puntos de medición de las Zonas Vulnerables por Nitratos, incumpliendo las obligaciones que le incumben en virtud del artículo 3, apartado 4, y del artículo 5, apartados 4 (leído en relación con los anexos II y III) y 5 de la Directiva 91/676/CEE (1) del Consejo, de 12 de diciembre de 1991, relativa a la protección de las aguas contra la contaminación producida por nitratos utilizados en la agricultura.

3. IMPULSORES DEL CAMBIO

Hay que destacar la propuesta de Ley Intervegas y la próxima Directiva Europea de Protección del Suelo (Parlamento Europeo 2021). La primera contempla (Red Intervegas, 2022), por ejemplo:

1) Que la fertilidad y el estado saludable de los suelos, sin ser el único, constituye un requisito previo básico para el cumplimiento de una serie de objetivos y funciones ambientales y sociales. El buen estado de los suelos es imprescindible para la obtención de alimentos, biomasa (energía), fibra, forraje y otros productos, así como para garantizar la prestación de servicios ecosistémicos esenciales en todas las regiones del mundo.
2) Los suelos vivos se han ido constituyendo a lo largo de miles de años de acción natural y mediante procesos muy complejos y lentos. La conjunción de la acción del aire, el agua y los seres vivos da lugar al suelo orgánico, que forma parte de los fundamentos existenciales de la humanidad. En territorios estériles, sin suelo vivo y sin fertilidad, la humanidad no tiene futuro.

3) El suelo es además un elemento esencial del sistema climático, constituyendo la segunda fuente de almacenamiento de carbono después de los océanos. La protección de los suelos, su uso sostenible y las acciones de restauración dirigidas a recuperar su fertilidad son cruciales tanto para mitigar el cambio climático, como para adaptarse a sus efectos.

4) Por todo ello, concluye que es imprescindible proteger y mantener los suelos fértiles para que la agricultura se pueda desarrollar con la garantía de permanencia de su base edáfica en todos los territorios, desde los periurbanos a los profundamente rurales, asegurando de este modo una producción anclada en el territorio, próxima o de cercanía, que permita que las poblaciones, tanto urbanas como rurales, puedan abastecerse de productos hortofrutícolas frescos, de calidad y asociados a las dietas mediterránea y locales, reduciendo los costes de transporte y las emisiones de gases de efecto invernadero asociados a los alimentos que han recorrido grandes distancias antes de llegar a nuestra mesa. El suelo fértil es, pues, una reserva alimentaria estratégica esencial para el soporte de políticas agroalimentarias locales, y para favorecer tanto la economía local como el mantenimiento de los paisajes de la agricultura, y donde poder desarrollar actividades educativas y de disfrute al aire libre.

En todo caso, es imprescindible abordar de manera sistémica y sinérgica el cambio de modelo agropecuario, como respuesta al carácter también sistémico y sinérgico de los procesos y mecanismos de degradación de los suelos fértiles que desencadena el actual:

1) Dentro de las acciones encaminadas al cartografiado de suelos fértiles para su protección, incorporar capas SIG de recursos hídricos, con la finalidad de poder realizar balances de agua de que debe ser una reconversión agropecuaria en pro de la sostenibilidad hídrica. La gran pregunta para responder sería: ¿cuántas hectáreas de regadío y de qué características hay que eliminar para alcanzar la sostenibilidad hídrica?

2) Como medidas correctoras y de compensación sociales, económicas y puede que incluso ecológicas, promover la producción y

el consumo en proximidad y sostenibles, eliminando progresivamente todo tipo de subvenciones, pero apostando por un precio justo para los productores y por el desarrollo de marcas asociadas a la integridad de los paisajes del agua y ecosistemas acuáticos, dentro de un nuevo modelo agropecuario que se apoye en el turismo verde, rural, cultural, patrimonial, gastronómico, enológico, etc., buscando fijar población con estrategias de diversificación económica y de reparto de la riqueza interconectadas, y abandonando la actual tendencia a la especulación, agroindustria, producción industrial de carne, plantas energéticas masivas, intensificación de la explotación forestal, y minería impulsada por mercados volátiles de materias primas para el desarrollo de las Tecnologías de la Información y de las Telecomunicaciones, de las energías renovables (tierras raras, wolframio, etc.) y de los fertilizantes industriales.

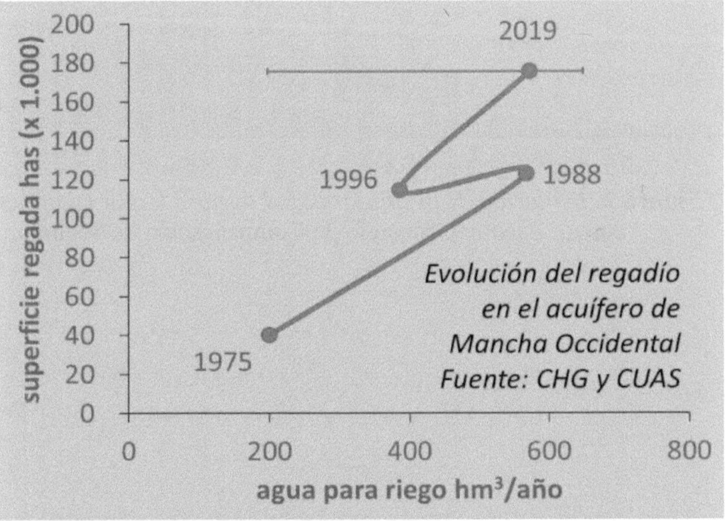

Figura 1. *Evolución del regadío en el acuífero de Mancha Occidental.* Fuente: Confederación Hidrográfica del Guadiana y Comunidades de Usuarios de Aguas Subterráneas.

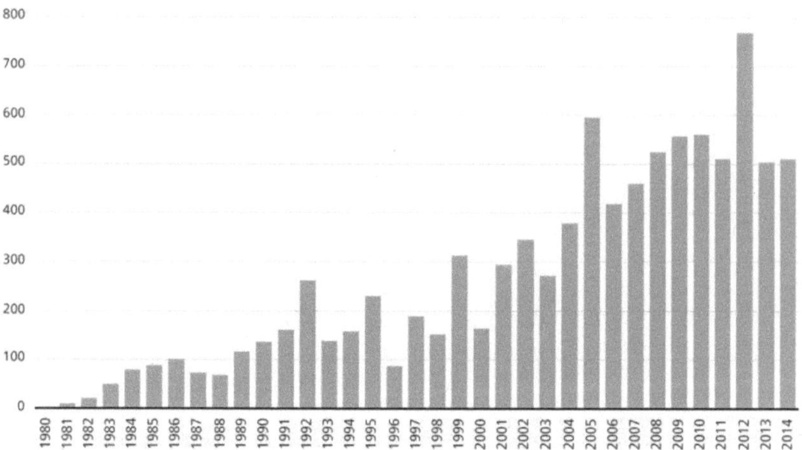

Figura 2. *Evolución de la siniestralidad agraria* (valor en millones de euros). Fuente: Consorcio de Compensación de Seguros.

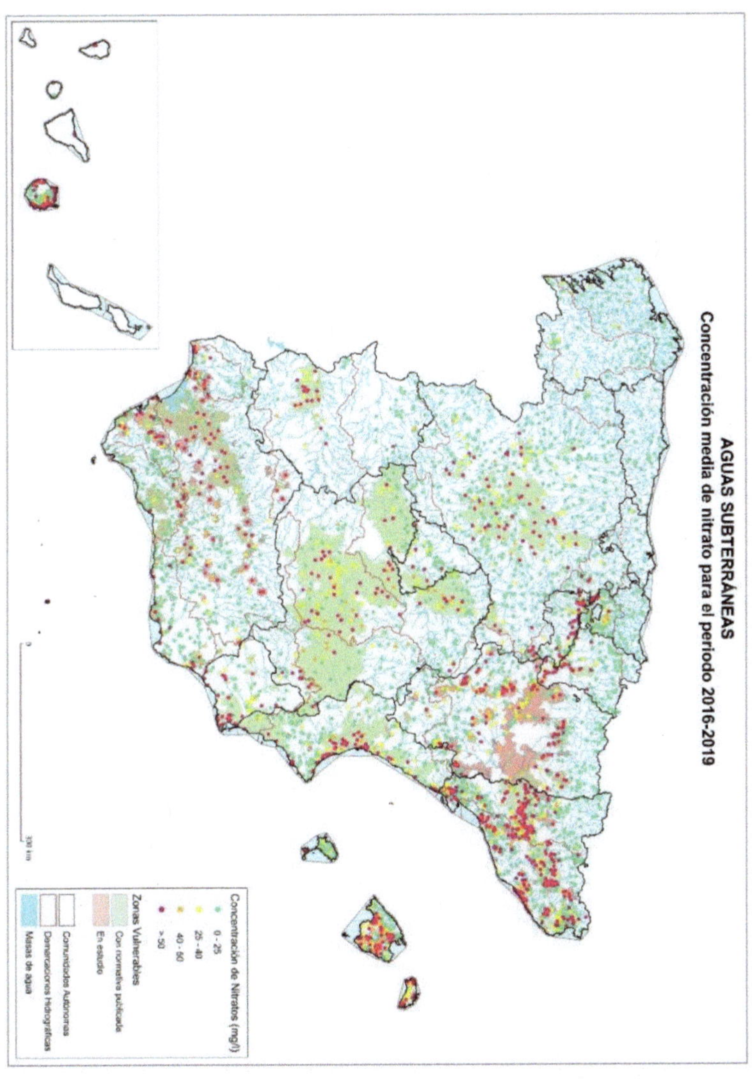

Figura 3. *Zonas Vulnerables por Nitratos.* Fuente: Ministerio de Transición Ecológica y Reto Demográfico.

4. **REFERENCIAS:**

BERNÁLDEZ, F.G., REY BENAYAS, J.M., LEVASSOR, C. y PECO, B. 1989.Landscapeecology of uncultivated dlowlands in central Spain, Landscape Ecology, 3: 1.

Comisión Europea. 2022. C 418/13. Recurso interpuesto el 30 de agosto de 2022 — Comisión Europea / Reino de España (Asunto C-576/22)(2022/C 418/16). Diario Oficial de la Unión Europea31.10.2022.

PAHALVI, H.N.; MAJEED, L.R.; Rashid, S.; NISAR, B. y KAMILI, A.N. 2021.Chemical Fertilizers and Their Impact on Soil Health, pp 1-20 en Microbiota and Biofertilizers, Vol. 2. DOI:10.1007/978-3-030-61010-4_1.

Parlamento Europeo. 2021. Resolución del Parlamento Europeo, de 28 de abril de 2021, sobre la protección del suelo (2021/2548(RSP).

Red InterVegas. (Última vez consultado 12-12-2022). Proposición de Ley para la Protección de los suelos de alto valor agroecológico y de suelos de interés agrario. URL: https://intervegas.org/ley-intervegas/

HIMNO DE LA MANCHA

DIGITALIZACIÓN DEL HIMNO DE LA MANCHA

Música
Antonio Segura Penalba

Letra
Martín Ramales

Voz
Coral de Albacete

Producción original
Ed. Damitor (1983)

Investigación documental y divulgación
Eduardo Rubio Aliaga

Digitalización y edición
Carlos Masó

Escanea el QR y escucha el video en tu dispositivo

El proceso de digitalización, edición y publicación ha sido supervisado y financiado por el Instituto de Estudios Humanísticos de Castilla-La Mancha, a través del proyecto propio *La Mancha: geografía, historia e identidad* con identificación IEHCAM/PR/03/84019200382.

LETRA DEL HIMNO DE LA MANCHA

Música: Antonio Segura Penalba.

Letra: Martín Ramales.

Año: 1919.

Nuestra canción viene a representar
de la Región el cántico triunfal.
¡Viva La Mancha!

Para triunfar de otras regiones,
La Mancha fecunda se ve resurgir.
Llevando a su triunfo los nobles pendones,
de un himno al trabajo vibrante y viril.

¡Viva La Mancha!
De la Región el cántico triunfal.

Ansiosa de vida, levanta la frente,
Las secas estepas que el sol calcinó,
Han dado una raza serena y valiente
Que al par de sus rubios trigales creció.

Sus hijos unidos por un amor santo
Con gesto altanero, con fe en su poder
henchidos de rubio entonan un canto,
de amor al terruño que los vio nacer.

Nuestra canción viene a representar
¡Viva La Mancha!
De la Región el cántico triunfal.

¡Viva La Mancha triunfal!

[VERSIÓN] LETRA DEL HIMNO DE LA MANCHA

Música: Antonio Segura Penalba.

Letra: Francisco Colás.

Año: 1929.

Nuestra canción viene a representar
De la Región el cántico triunfal.

Para emular a otras regiones
La Mancha fecunda se ve resurgir,
Llevado a su triunfo los nobles pendones
De un himno al trabajo vibrante y viril.

Nuestra canción viene a representar
De la Región el cántico triunfal.

Cantemos el himno con amor ferviente;
Las secas estepas que el sol calcinó
Han dado una raza serena y valiente
Que al par que sus rubios trigales creció.
Reclama a sus hijos la tierra manchega.
Todo buen manchego se postra a sus pies,

Y ofrenda de amores a sus plantas lleva,
Su amor hecho panes en la rubia mies.

Nuestra canción viene a representar
De la Región el cántico triunfal.

Himno de peones en la gañanía
Cuando en los destajos limpian su sudor,
Cantando manchegas de la patria mía
Que hablan de su Virgen y hablan de su amor.

Nuestra canción viene a representar
De la Región el cántico triunfal.

Este himno es un canto de amor al trabajo,
De amor al terruño que nos vio nacer,
Himno sacrosanto que desde el destajo,
De la parda tierra que nos invade el ser.
Himno sacrosanto de los que remueven,
Los pardos terrones del triste erial,
Y al cielo mirando, con su fe se atreven
A esparcir los granos del rubio candeal.

Nuestra canción viene a representar
De la Región el cántico triunfal.
¡Viva La Mancha, viva la Región!

HIMNO A LA MANCHA, Música del maestro Segura

Letra de MARTIN RAMALES

Nuestra canción
viene a representar
de la región
el cántico triunfal.

—

Para triunfar de otras regiones
la Mancha fecunda se vé resurgir
llevando a su triunfo los nobles pendones
de un himno al trabajo vibrante y viril.

—

Nuestra canción, etc...

—

Ansiosa de vida levanta la frente.
Las secas estepas que el sol calcinó
han dado una raza serena y valiente
que al par que sus rubios trigales creció.

—

Sus hijos unidos por un amor santo
con gesto altanero, con fé en su poder
henchidos de orgullo entonan un canto
de amor al terruño que los vió nacer.

—

Nuestra canción, etc...

INSTITUTO DE ESTUDIOS HUMANÍSTICOS DE CASTILLA- LA MANCHA

DIRECTOR DEPARTAMENTO DE CUENTAS Y FINANCIACIÓN

Abel Carretero Novillo

DIRECTOR DEPARTAMENTO DE ARTES Y DISEÑO GRÁFICO

Diego Parra Arribas

DIRECTOR DEPARTAMENTO DE CIENCIAS HUMANAS

Ramón Perea Trujillo

SINDICATO CULTURAL

Jorge Lahoz Marquina

OTRAS PUBLICACIONES DE INTERÉS

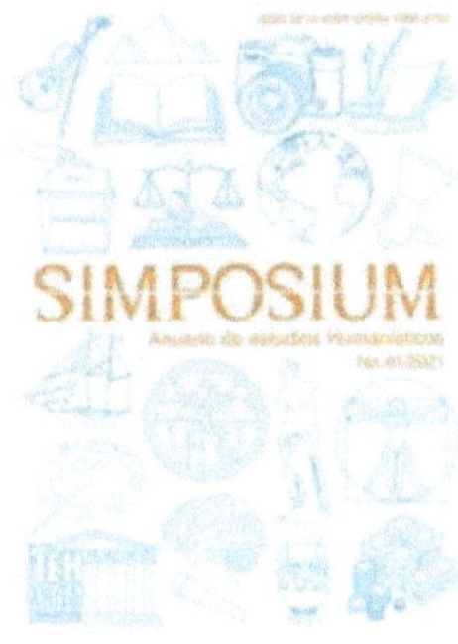

Simposium. Anuario de Estudios Humanísticos.

Revista científica de investigación de Humanidades y Ciencias Sociales

Número 1
Año: 2021

ISSN: 2697-0228
ISBN: 978-84-09-30065-5

Simposium. Anuario de Estudios Humanísticos.

Revista científica de investigación de Humanidades y Ciencias Sociales

Número 2
Año: 2022

ISSN: 2697-0228
ISBN: 978-84-12-62040-5

Escanea el QR para adquirir nuestras publicaciones o productos relacionados con el IEHCAM

PATROCINADORES Y AGRADECIMIENTOS

Caliza.